【新版】

精神科医モタ先生が教える

楽天的になれる本

精神科医 斎藤茂太

ロング新書

目次

1章 人生を楽天的に変える言葉

2章 コンプレックスをプラスに変える言葉

3章 嫌な気分から抜け出す言葉

4章 仕事のストレスに負けない言葉

5章　人間関係がうまくいく言葉

6章 心が軽くなる言葉

1章

人生を楽天的に変える言葉

「完璧な人間なんていない。失敗したっていいじゃないか」

誰でも長い人生には、「失敗してしまった」と思うことがたびたびあるだろう。私も自分で大失敗だったと思うようなことはしょっちゅうあったが、それらの経験はみな、ムダではなかったと思っている。

人間はかならず失敗する。失敗するから人間なのだ。だったら、失敗したからといって、クヨクヨ考えても仕方がない。むしろ、その失敗から身にしみて学んだことのほうが大きいはずだ。

私の友人に、テレビのワイドショーなどにたびたび登場する人気作家がいるが、彼があるとき、こんなことを言っていた。

ある講演会で、話をしたところ、出席者から質問された。

「原稿を書き終わったとき、名作ばかりとは限らないでしょう。なかには失敗作を書いてしまったときもあるでしょうが、そんなときは何日間くらい悩むのでしょうか」と言うのだ。

彼が「何日なんて悩みませんね。数分ですかね」と答えると、会場に来ていた人たちから驚きの声が上がった。出席者はほとんどが一流企業に勤めるエリートビジネスマンばかりだった。彼らは、仕事で失敗すると何十日も何カ月も落ち込んで悩み続けると、言い返してきたそうだ。

このエリートビジネスマンたちは、いまさらクヨクヨ考えても仕方がないことを何十日も何カ月も悩み続けるというので、友人の作家のほうが驚いてしまった。

「失敗作を書いたとき、これではダメだと何カ月も落ち込んでいたら、本当に、もう二度と作品を書けなくなってしまう。それでは作家としての生命が終わってしまう。私はそんなときは、いまはその作品しか書けなかったんだし、もう世の中に発表してしまったんだし、と〝だし〟という言葉で開き直ることにしている。それが次は頑張ろうという気力を生むことになる」

彼はそう言っていた。そのとおりではないか。

世の中には完璧な人間なんていないのだ。一〇〇パーセント完璧に仕事をこなそうとしても、そうはいかない。

失敗した、理想どおりにできなかったと思い悩むあなたは、自分がそれほど優秀な人間だと思っていたのだろうか？

自分なんか、たいしたことないんだと思っていれば、失敗したって、恥をかいたって、誰の目を気にすることもない。人生は長い。長いスパンで見てみれば、その失敗は自分にプラスの力になる。

だが、若い人はなかなか長いスパンで人生をとらえることができないから、一度や二度失敗しただけで「自分はもうダメだ」と落ち込んでしまうのだ。だが、本当にどうにもならない失敗など、人生にそう何度もあるものではない。多くの失敗は、どうにか解決がつくはずだ。

自分はたいしたことないんだ、失敗したっていいんだと開き直る。生きるとはそういうことだ。

「ああだ、こうだと悩む前に、まず一歩を踏み出そう」

じつは「失敗したっていいじゃないか」と言っているこの私でさえ、ときには落ち込んで弱気になることがある。

たとえば出版社から頼まれた原稿がいっこうに書けなくて、気がふさいでしまうことが、しばしばある。机に向かっていざ書こうとすると、何を書くかがわからなくなり、ペンがいっこうに進まなくなる。そのうち集中できなくなって、本来の仕事である病院のことや、明日の予定など余計なことばかり考え出してしまう。

こうなると、ますますいけない。気分が落ち込んでしまうばかりで、一行も書き出せない。そこへ担当の編集者から催促の電話がかかってきたりすると、プレッシャーで頭痛や胃痛が始まってしまう。

私の弟の北杜夫は、私と同じ精神科医だが、プロの作家でもあるので、彼にそのようなときはどうするのかを尋ねてみた。

弟はさすがに芥川賞作家だ。即座に、とにかく、なんでもいいから最初の三行を書き出すこと、と言った。さらに、うまく書こうと思っているから書き出せないのであって、ヘタでいいから、後で直せばいいと考えて、まず書き出すことだ。それでもダメなら、酒を一杯ひっかけてでもいいから書き始めることだ、と教えてくれた。それからは、弟の忠告どおり、うまく書こうと思わず、なんでもいいからとにかく書き出すことにした。

これはどんな場合でも言えることだ。どうしてもやらなくてはならないことがあるのに、やる気が起きない、会わなくてはならない人がいるのに、出かける気になれない、電話しなくてはならない用件があるのに、かける気になれない……。そんな場合、一日、二日と延ばしていると、そのうち本当に取り返しがつかない事態になってしまう。

こういうときは、グズグズ悩む前にとにかく一歩踏み出すことだ。とにかくやらなくてはいけないことに、手をつける。とりあえず靴を履いて玄関を出てみる。受話器を取って相手の番号を押す。どうするかはその後から考えればいい。

こうしないと、いつまでたってもやる気が起きずに、気が滅入るばかりになる。悩む前にまず一歩を踏み出そう。

「まずはやってみる。誰でもみんな最初から自信などない」

とにかく、悩む前に行動しようと言ったが、内気で消極的な人は最初の一歩がなかなか踏み出せないものだ。とくに、初対面の人に会うとか、何か新しいことにチャレンジしたり、自分の新企画を会社に提出しなければならないというときなど、自信がなくてためらってしまうのだ。

初対面の人と会ったときは、うまく人間関係を築くことができるかと心配になる。新しいことを始めたくても、時間も経済的余裕もないとためらう。企画を会社に提出しなければならないが、こんな企画では笑われそうだと思い込む。

専業主婦のＡ子さんは、まだ三〇歳と若いが、内気で引っ込み思案なため、うつうつとした毎日を送っている。

周りの人を見ると、誰もが生き生きと活動しているように見える。隣の奥さんは趣味が豊かで、さまざまなことにチャレンジしている。昨年は陶芸を始めていたが、今度は水彩画にもチャレンジして、画集まで出版するのだという。

新入社員のT男さんは、同僚がいつも斬新な企画を提出して上司から褒められているのに、自分の企画はまったく認められないので、すっかり落ち込んでしまった。

こういう人は、自分だけが引っ込み思案でダメ人間だと思い込みがちだが、決してそうではない。誰でもみんな最初から自信などないのだ。

だから、まず、やってみることだ。やってみなければ、何事もわからないものだ。やってみて続きそうもないと思ったらやめればいい。「いつでもやめられる」と思えば、軽い気持ちで始められるだろう。

実際に始めてみたら、時間やお金がかかるだろうと思っていたことが、案外そうでもなかったりする。でもやはり無理だったら、やめればいい。

初対面の人とうまくつき合えるだろうかと心配でも、実際に会ってみたら、意外とスムーズにつき合えるものだ。でも苦手な人だったらつき合わなくてもいい。

「いつでもやめられる」と思って、まずは行動を起こすことが肝心だ。

「やる気が出ないときはその原因を紙に書いてみる」

なんとなく気力が湧かない。心にモヤがかかったようで、何もする気になれない……誰にでも、気が滅入ってやる気が出ないときがあるはずだ。

いわば、うつ状態なのだが、こんなときの解消法はないだろうか。

「書くこと」をおすすめする。「書く」といっても、おおげさなことではない。メモ程度でもいいのだ。メモ用紙にいまの気持ちや、なぜやる気が出ないのか、その原因となっているといると、あなたが思うことを次々とメモに書き出してみるのだ。

私は、自他共に認めるたいへんなメモ魔である。誰もが私の手帳をのぞきこむと、あまりに細かいメモがびっしり書きこまれているのを見てビックリする。

毎日、朝起きてから夜寝るまで、気がついたことを次々とその場でメモしていくのが楽しみになっている。どこに行っても、三度の飯と同じでメモを取る。たとえば、家を出てからバス停に行くまで道の途中に何があったか、どんな草花が咲いていたか、落ちているタバコの吸いがらが何本だったかまでメモしていく。人と会えば、その人についてや、何について語り合ったかなどはもちろんである。

旅に出れば旅先の風景や出会った人たち、乗り物や土産物、食べ物についてなど何でもメモしていく。一回の旅行で一冊の手帳を使い切ってしまうほどだ。

これは父の歌人・斎藤茂吉の影響かもしれない。茂吉もメモが好きで、手帳を命の次に大切にしていた。若い頃、ヨーロッパに留学していたが、各地で見た絵画や美術品について、驚くほどくわしく手帳にメモしている。後年、それがエッセイや作品に結実した。

よく、「なぜそんなにすべてをメモに取るのか。本を執筆するためか」と尋ねる人がいるが、私の場合は仕事のためなどではなく、自分自身の楽しみのためなのだ。メモを取ること自体が喜びなのである。

メモを取ると、毎日毎日がまったく違うことに気がつくことができる。一週間メモを取ると、その一週間がじつに変化に富んでいることがよくわかるのだ。決まりきったような毎日、同じことの繰り返しのような毎日でも、まったく同じ日などないことがわかる。自分も前の日とは違っているし、出会う人も違う。

メモを取っていると、それがひと目でわかるから、じつに楽しいのだ。

私のようにマニアックにならなくてもいいが、思いを紙に書くことは、脳を刺激してやる気を出させる働きがある。

叶えたい夢や目標を大きく紙に書いて壁に貼ったり、絵馬に願い事を書いて祈ったりするのも、書くことによって夢や目標を叶えるために、やる気を出すことができるからでもある。

また、問題になっていることや、頭の中で考えていることを紙に書いていくと、心をおおっていたモヤモヤが晴れてすっきりする。やる気が出ない原因は何だったのか、はっきりとしてくるのだ。

こうしてやる気が出てくれば、メモすることは一段と楽しくなってくる。メモは人生を面白くするのだ。

「イヤな感情は紙に書きなぐって捨ててしまえばいい」

やる気がでないときに、思いを紙に書くといいと述べたが、嫌な思いやつらい思いをしたとき、怒りが爆発しそうなときにも、紙に書くことをおすすめする。

つらい思いや、怒りの感情をいつまでも抱え込んでいるのはよくない。

後で詳しく触れるが、私の母は歌人・斎藤茂吉の妻だが、じつに天真爛漫（てんしんらんまん）で自由奔放に生きた人であった。こう書くと、とても素晴らしい女性のように思えるが、悪く言えばわがままいっぱいに生きて、人さまにたいへん迷惑をかけた人だった。

八〇歳になってから海外旅行に頻繁に出かけ、南極やエベレスト登頂にもチャレンジした。その意欲や若さには頭が下がるが、毎日の生活では、じつにマイペースで自分本位だった。

たとえば人のものでも自分が気に入ると、「貸して」と言って持っていき、自分が使ってしまう。もどしてくれるときは、壊れているのを平気で戻すといった具合だ。

そんな調子の姑とつき合う私の妻も、ずいぶん骨が折れたことと思う。

そのため、母と妻はよくぶつかっていた。私は、二人の間のいさかいで、何度も大変な思いをしなければならず、私も二人とケンカをした。

そんなとき、私はメモに母や妻とケンカしたことを書きなぐり、最後に「チクショウ！」と捨てゼリフまで書いてウサ晴らしをした。母や妻が私に何を言ったかも細かに記録した。いつか反論するときに使おうと思ったからだ。

だが、書いているうちに、不思議と母や妻への怒りや不満がスーッとおさまってきたものだ。さらに、自分にも悪いところがあったと、反省する気持ちの余裕も生まれてきたのだ。

会社で上司に理不尽なことで怒られ、腹が立ってしかたがない、得意先の社員にいばり散らされて爆発寸前になった、などということは、サラリーマンならよくあることだ。

そんなときは紙に書いて怒りをぶちまけ、ストレスを発散してしまおう。ストレスは溜め込んでしまうと、いつかは噴火して大事に至ってしまう。そうならないうちに、ウサ晴らしの方法を見つけておこう。

「人生八〇パーセント主義でいこう」

私が思うに、日本人の国民性は、几帳面で融通(ゆうづう)がきかない完全主義のようだ。人生や仕事の目標や要求水準を、一〇〇パーセントの完璧なレベルに合わせている人が多い。

だが、人生や仕事に一〇〇パーセントを望む人は、どうしたってプレッシャーやストレスが強くなる。一〇〇パーセントの目標を達成できなくて夢敗れると、落胆して立ち直れなくなる。

それよりも、少し要求水準を下げて八〇パーセント主義でいこう。私は夢や仕事が八〇パーセントも達成できれば大満足である。

最初から高い望みを持つから不満が大きくなるし、失敗も多くなる。この世にパーフェクトなどありえない。パーフェクトを望むと無理が出る。心にプレッシャーがかかってしまうのだ。

ただし、夢は失ってはいけない。

　私はかつて、ホームラン王だった王貞治さんと対談したことがある。そのとき、「どうしてもホームランが欲しいという場面では、絶対にホームランを打ってやるぞと思って打つのですか」と、尋ねたことがある。すると王さんは、

「ホームランを打とうなどと思っていると、ボールが見えなくなります」

と答えたのだ。どうしてもホームランが欲しいという場面では、監督もチームの連中、観客も球場全体がホームランを期待している。そこで、要求水準を完璧なレベルのホームランに定めてしまうと、プレッシャーでボールが見えなくなり、ヒットはおろか凡打さえ打てなくなってしまうというのだ。

　要求水準を下げて、ホームランではなく、ヒットでいいというくらいの余裕をもった気持ちでいたほうが、ホームランを打てるという。

　なるほどと思った。ホームラン王の王さんでさえ、一〇〇パーセントを望むと、プレッシャーに負けてしまうことがあるのだ。

　一〇〇パーセントを目指して要求水準を高くすると、プレッシャーを乗り越えるのが難しくなるのだ。「人生八〇パーセント主義」でいこう。

「目的を達するには前進だけではダメ。ときには後退や回り道も必要だ」

人生に一〇〇パーセントを望む人は、プレッシャーが高くなるから挫折や失敗に弱い。完全主義が人間をダメにするのだ。

心理学者の多湖輝さんも、「完璧主義の人は失敗しやすい。完璧にできない限り失敗なのだから。完璧主義は不幸の元。ある程度できたらよしとすることができるといいのではないか」と述べておられた。

プレッシャーに弱い人を見てみると、妥協ができず〝オール・オア・ナッシング〟つまり全てか、何もないかのどちらかしかないという場合が多い。

融通がきかない、妥協ができない人は、直線的に突っ走るから回り道ができない。ロシアの革命家レーニンは「一歩後退、二歩前進」と言っている。人生には失敗はいくらでもある。失敗を恐れたり、一度の失敗で長い間悩むことほどムダなことはない。

目的を達するには、前進だけではダメなのだ。ときには後退することも必要なのだ。「急がば回れ」である。後退を恐れるからプレッシャーがのしかかってくる。

ここに二人の車のセールスマンがいる。Y君は売り上げトップの優秀な成績だが、常に自分の販売成績が落ちたらどうしようと、そのことばかり考えている。だから毎日、仕事のプレッシャーに押しつぶされそうな気分でいる。

いっぽうZ君は、「いまこのときにベストを尽くしさえすればいい、あとは野となれ山となれだ」という気持ちでいる。

どちらのセールスマンが、今後、売り上げを上げるだろうか。

もうおわかりだろう。そう、Z君のほうだ。常に結果を出すことばかりに汲々とし、しかも成績が後退したときのみじめな自分を気にして、営業しているセールスマンが実力を発揮できるわけがない。Z君のように要求水準を少し下げて、「このときだけでもベストをつくせばいい」と思えば、その一瞬一瞬が続いていって、いい結果を生み出すことになる。

後退すること、回り道することを恐れてはいけない。

「たまにはチャランポランでもいい」

人にはうつ気分に落ち込みやすい人と、常に前向きで落ち込まない人の二つのタイプがあるようだ。

うつになりやすいのは、真面目人間でいいかげんな妥協を許さない完全主義者である。逆にいうと、ある程度いいかげんなところを持っている人は、うつになりにくい。だが、誰だっていいかげんな人間はよしとはしないだろう。真面目な人のほうが信頼されるし、好かれるに違いない。

それなのに、真面目人間はうつになり、いいかげんな人間はうつにはならない。

何度も言うが、真面目人間は一〇〇パーセントの「完璧」を望むからだ。人間のすることに「完璧」はありえない。

真面目なのはいいが、生きていくには、ある程度のところで妥協も必要なのだ。

たとえば、家族関係がうまくいってない場合、家族のそれぞれが真面目すぎる場合が多い。

そこで、ウソを上手につくことも身につけよう。私は、家庭はドラマだと思うことにしている。

家族の一人ひとりが役者になったつもりで、たまにウソの台詞を使うことが、家庭円満の秘訣である。

妻が夫にウソでもいいから「さすが、あなたはすごい」とおだてるのだ。嫁が姑に「さすが、お義母さんは偉い」とほめるのだ。たとえ心の中ではそう思っていなくても、役者になったつもり、ドラマのつもりで相手をほめたりおだてたりするといい。

家族の間でも、常に真面目に考えて真面目なことばかり話しているから、家庭も固くて冷たくなるのだ。

少しはチャランポランでいいから、心が和む言葉をかけ合ってはどうだろうか。「ウソも方便」「チャランポランも方便」である。

私の両親は、父が真面目で堅物、その分、母がチャランポランな面があった。だから、ケンカをしながらも、なんとかやってこられたのだと思う。

「人の目など気にしない。ありのままの自分を見せて、笑われたっていいじゃないか」

人が自分のことをどう思うか、どう見ているかばかりを気にする人は多い。自分を少しでもいい人間だと思ってもらいたいという意識からだ。

人前で話すことが大の苦手という人は多い。会議の席や結婚式の挨拶などでスピーチをしなければならないとき、あがってしまって、足はガクガク、声は震えて冷や汗が出る。

こういう人は、うまく話そう、人に受ける面白い話をしようと力を入れるからあがってしまうのだ。人前でしゃべるのが苦手だったら、とつとつと誠実に話せばいい。カッコつけようとするからいけないのだ。

ありのままの自分を見せることを恐れてはいけない。人から笑われることを恐れて、自分の欠点を隠そうとするからダメなのだ。笑われたっていいじゃないか。隠そう隠そうとするより、はるかに気がラクになる。

自分の欠点を隠そうとすると、ウソをつかなくてはならなくなる。ときにはずっとウソをつき続けなくてはならなくなって、苦しくなる。

私の友人に、一つの仕事が長続きせず、次々に職業を変えている男がいた。周りの友人たちには、どの仕事も成功していて儲かっていると言う。だが、本当はどの仕事も失敗して家計は火の車であることを私は知っていた。

あるとき彼が友人たちと酒を飲みに行った。店を出るときになって、彼は「悪い、財布を忘れてきた」と言って勘定を払わなかった。一度ならよかったのだが、そんなことがたびたび続いたので、友人たちから、「あいつはケチだ。仕事はうまくいっているはずなのに、酒を飲みに行くと、一銭もだそうとしない」という悪評が広まってしまった。

最初から、「仕事がうまくいっていないから、家計が苦しいのだ」と言ってくれていれば、仲間はこころよくおごっただろう。

人の目ばかり気にしてカッコつけようとすると、それがプレッシャーになってしまう。ありのままの自分でいいではないか。だからといって、努力をしなくていいということではない。夢は持ち、それに向かってベストを尽くす。それで失敗しても、恥ではないのだ。

「まず、きょう一日だけでいい。ニコニコ笑って生きることから始めよう」

逆境に陥ったり、ストレスにはまって悩んでいる人は、完全に立ち直ることを考える前に、まず「きょう一日だけでいいから、楽しく悔いのない一日を送ること」を目指そう。せめてきょう一日を楽しく暮らせたら、明日のことはどうでもいいと、開き直ろう。そして、きょうを楽しく暮らすことができたら、また次の日も「きょう一日だけでいいから悔いのない一日を送る」ことを考えるのだ。

こうして楽しく暮らすことができる日が一日一日と続いていき、一年三六五日続き、やがて二年、三年と続けば人生そのものが楽しく充実したものになる。

最初から長い人生を考えて綿密な計画などを立てると、どうしたって無理が出てくるし、挫折することが多くなる。

たとえば禁煙を考えてみよう。最初から一生タバコをやめるという長期の禁煙計画を立てたのでは、よほど意志が強くないと、挫折してしまう。

そこで、きょう一日だけでいいから禁煙する。一日くらいなら実行しやすいだろう。一日禁煙できたら、次の日もきょう一日だけでいいからと禁煙する。こうして続けていけば、一年、二年と禁煙を続けることができるだろう。

妻との仲もそうだ。きょう一日だけでいいからケンカをしないでいようと決めるのだ。何を言われてもニコニコしていようと決めて実行する。

次の日も、きょう一日だけでいいから腹を立てるのはやめる。こうして続けていけば、じつに仲のいい夫婦になっているはずだ。

何度も言うが、最初から目標や要求水準を高く掲げてしまわないことだ。一生禁煙、つまり一〇〇パーセントを目指そうとするから失敗するのだ。そうではなく、八〇パーセント主義を選ぼう。

そして、きょう一日だけでいいから、楽天的に生きてみよう。一日だけでいいから、ニコニコと笑顔で過ごしてみよう。やがてそれが毎日続けられるようになれば、あなたの人生は楽天的に変えられるのだ。

2章

コンプレックスを
プラスに変える言葉

「コンプレックスがあるから成長できるんだ」

「コンプレックス」とは、心理学、精神医学上の専門用語としての意味は、「感情複合」「心的複合体」といい、さまざまな心や感情の集まりのことで、「劣等感」とは異なるが、本書では、「コンプレックス」を「劣等感」の意味で用いることをおことわりしておく。「劣等感」は、これは文字通り、自分が人より劣っているとか、価値がないと思う感情のことだ。

自分を他人と比較して、自分はダメ人間だと思い悩んでいる人は多い。仕事はできない、勉強ができない、学歴も地位もない、金がない、容姿やスタイルが悪い、力がない、などなど……。

それにひきかえ、友人のN男は仕事もでき、スポーツ万能で金持ちのうえ容姿もいいから女にモテる。自分はなんてつまらない人間なんだろう、と思い悩み、常にコンプレックスのせいで、内気で消極的になってしまう。

会議の席では発言して笑われたらと思うと、何も言えなくなってしまう。すると、ますます上司からは、意見のないダメな奴と思われてしまう。

合コンに誘われて参加しても、容姿や会話に自信がないから、みんなの話に加われず、彼女もできない。

小さいときから運動が苦手で、運動会が嫌いだった。大人になったいまも、野球もゴルフもまるでダメ。会社の野球大会でも失態ばかりでチームの足をひっぱった。

そしていつも周りの同僚や友人たちが優れているように見えて、うらやましくてならない。劣等感にさいなまれて、毎日が楽しくないのだ。

だが、コンプレックスのない人間などいない。誰でも多かれ少なかれ、コンプレックスはあるのだ。だが、そのコンプレックスが頭をもたげてくるのが、いつかが問題なのだ。

家族と一緒にテレビを見たり、食事をしているときに、コンプレックスにさいなまれるという人はまずいないだろう。問題になるのは、他人と関わりを持つときだ。それも大切な人と接する場合が多い。会社の上司だったり、憧れている女性の前だったり。そうした大切な人とかかわるとき、自分をよく見せたい、よく思われたいという心理が働くから、コンプレックスに悩むのだ。つまり、いい意味での向上心、自尊心、プラス思考があるからなのだ。向上心、自尊心を持っている人は、成長していくことができる。

コンプレックスこそが人間を成長させるバネなのだ。

世界のホンダを一代で築いた本田宗一郎も、天下の松下電器産業（現パナソニック）を興した松下幸之助も、子供のころは、家が貧しくて学業もろくにできなかったことは有名な話だ。二人とも、小さい頃からコンプレックスの塊だった。そのコンプレックスをバネに世界一の企業を築いたのは、改めて言うまでもない。

古今東西を見渡してみれば、コンプレックスをバネにして成功をつかんだ人物はひじょうに多い。歴史をふりかえってみても、日本では豊臣秀吉しかり、徳川家康しかり。西洋では、ナポレオン・ボナパルトがそうだし、アメリカの第一六代大統領のリンカーンも貧しさの中から這い上がってきた偉人である。

コンプレックスに押しつぶされるのではなく、コンプレックスを磨いて、それをバネにして前進してほしい。

「我が家はコンプレックス人間だらけ。そう思うから、わがままも許し合える」

私の生まれた斎藤家については、いろいろなところで紹介されているから、ご存じの方もおられると思うが、我が家の人間もまたコンプレックスの持ち主ばかりだった。

私の家は代々、精神科の斎藤病院を開業してきた。病院の創始者は私の祖父の斎藤紀一である。私の弟の北杜夫は芥川賞を受賞した作家だが、彼の小説『楡家の人びと』にも登場している。

紀一には長い間息子ができなかった。そこで、跡継ぎとなる少年を探し、親戚で山形の守谷家の茂吉を養子にした。茂吉は後に精神科医になったが、歌人としても世に知られた。一五歳のとき山形の田舎から上京し、紀一の病院に入り、開成中学、一高、東大医学部に進み、精神科の医師となった。そのときに紀一の娘の輝子と養子縁組をした。その二人の息子が私と弟の北杜夫である。

父の茂吉は養子の身で、しかも妻の輝子が自由奔放で派手好きな性格のため、何かと遠慮し、コンプレックスを抱いて生きていた。

父は、患者や他人にはひじょうに優しく穏やかな態度で接したが、家ではまったく違った。かんしゃく持ちでしょっちゅうカミナリを落とした。

私は子供のころは、父が怖くていつもピリピリしていた。つまり、父は人前ではコンプレックスを隠して優しい医者を演じていたが、家族に対してはコンプレックスを隠さずに爆発させていたのだと思う。

母の輝子はよく言えば自由奔放、悪く言えばわがままでプライドが高く、勝手気ままなところがあり、生前は人様にずいぶん迷惑をかけていたと思う。その反面、孤独でコンプレックスの塊だったはずだ。

母は大きな病院の娘で、お抱え車夫つきの人力車で女子学習院に通うようなお嬢様育ちだった。その夫になった茂吉は田舎出の朴訥（ぼくとつ）な男だった。

そのためまったくそりが合わず、夫婦仲もよくなかった。父は養子ゆえ、母にコンプレックスを抱いていたし、奔放で華やかな社交型の母は、その個性を父には受け入れてもらえずにコンプレックスを抱いていた。

　したがって、父は家族の前でコンプレックスを爆発させてかんしゃく持ちになったし、文学にそのエネルギーをぶつけたようだ。

　母は父の死後、抑圧されていたものを爆発させた。そのため旅に熱中し、冒険家と言われるほど世界を飛び回った。還暦を過ぎてから海外旅行に夢中になり、一〇〇カ国以上を旅行した。七九歳のとき南極大陸に出かけ、八〇歳を超えてからエベレストにも挑戦した。八八歳のとき、インド洋のセーシェル諸島を訪れたのが最後の旅行になり、八九歳で他界した。

　母にはいろいろなエピソードが残っているが、人に頭を下げたことやほめたことがなかったことでも知られている。

　かつて、映画監督だった山本嘉次郎氏が「親子どんぶりを食べる会」というのを開いて私と母を招待してくれたことがあった。何でも、山本監督の父上が親子どんぶりの発案者だったそうで、そのために開かれた会だった。

　その親子どんぶりを食べる会では、手に入れられる最高級の鶏肉と卵を使って親子どんぶりをつくられた。私たちも食べさせていただいた。食後に、マイクが母のところに回ってきて、味わった感想を聞かれた。すると母は、みなの前で平然とひと言「まずいわ」と答えたのだ。私は身の縮む想いだった。

そんな二人の子どもだった私も弟も、これまたコンプレックスの塊だった。弟は躁鬱病になったし、私も小さい頃からコンプレックスを抱えていたのだ。

私の場合は、両親が子育てには縁のない人間だったので、八歳まで一人っ子でばあやに預けられて、甘やかされて育てられたから、内弁慶で、人見知りする子どもになっていたようだ。

ばあやとは、私の祖父紀一が浅草で大病院を開業していた頃から勤めていた看護婦で、子ども好きで実直な人柄を見込まれて、斎藤家の子どもの養育係になっていた。私の母、叔母、叔父も、私に弟、妹も、みなこのばあやに育てられた。

このばあやは私を溺愛し、厳しく叱るということがなかった。過保護で大甘だったから、引っ込み思案で内弁慶になるのは当然だった。

私は小学校に入る前に、慶応義塾の幼稚舎を受験したが、見事に落とされている。そのわけは、幼稚舎の面接試験の際、口を閉じたまま試験官の質問にまったく無言で通したからだ。ひと言も声を発しなかった。試験官の質問の仕方が高圧的だったからだ。内弁慶の私はこのような高圧的な人には接していられなかったのだ。

幼稚舎を落ちた私は東京の青山にある区立の小学校に入学したが、ここでもなじめなかった。ワイワイ騒ぐ子どもたちの中に入っていくことができなかったのだ。それがコンプレックスとなって、ますます一人でいることが多くなった。そのかわり、一人で何時間も本を読み続けることが大好きになった。

このように、私も小さい頃からすでにコンプレックスを抱えていた。それでも、大人になって困ったということはない。

本を読むことが好きになったおかげで、文学の道を志そうと思ったこともある。医者になってからも、本を何冊も書かせていただくことができた。

家族みながコンプレックスの持ち主だったから、私はわがままだった母も、かんしゃく持ちだった父も、愛すべき人だったと許せるのだ。

「コンプレックスをバネにすれば、驚くほど大きくなれる」

父の茂吉はコンプレックスの塊だったと言ったが、その大きな原因は、妻で私の母の輝子との育ちや価値観の違いにあったと思う。

父は山形県の田舎、南村山郡金瓶（かなかめ）に守谷家の三男として生まれた。守谷家には茂吉を中学校に通わせるだけの経済的余裕がなかった。いっぽうの母・輝子は、東京の浅草で大病院を経営する斎藤紀一の次女として生まれ、何不自由のない暮らしのなかで育った。

母は学習院女学校に通っていたが、その通学は人力車で送り迎えの付き添いがつくほどのお嬢様育ちだったことは先にも触れた。父と母はまったく育つ環境が違ったのだ。

茂吉は進学できないため、跡継ぎを探していた祖父の紀一の家に養子として一五歳で厄介になった。田舎育ちのため、東京に来たとき、東京の夜景を見て、こんなに明るい夜があるのか、とびっくりしたという。

田舎者だったので、そのコンプレックスは相当なものだったと思うが、それをバネにして学業と好きな短歌によく打ち込んで努力したのだと思う。

養子で何かと遠慮がちな生活を強いられたうえ、そのうち祖父・紀一のもとに直系の長男が生まれたこともあり、ひじょうに苦労したようだ。それでも、紀一の家から一高、東大医学部に進学して立派な精神科の医師になった。

そのいっぽうで、中学時代から短歌の世界にのめりこみ、歌人を志して伊藤左千夫に弟子入りし、有名な歌集「アララギ」の編集発行人もつとめた。三一歳のとき、処女歌集「赤光」を発表したところ、これが大評判になり文学界に大きな反響を呼んだのだ。文才にも優れ、柿本人麻呂の研究書や随筆も多く残した。

歌人、文学者として世の中に認められ高く評価されたが、医師としての務めもおろそかにはせず、斎藤病院を継いであくまで自分の生業は精神科医であるとする姿勢を貫いたのは立派だと思う。茂吉の努力と成功は、彼が抱いていた多くのコンプレックスがもとになっている。そのコンプレックスを克服するために、医師の勤めを必死にがんばり、いっぽうで、好きな文学にものめりこんだのだ。

歌人として高く評価され始めた頃に、紀一の次女輝子と結婚したのだが、先に述べたように、価値観の違い、育ちの違いから夫婦仲はかんばしくなく、別居していたときもあった。

先にも述べたが、父は家族の前では「怖い」の一語に尽きた。頑固で少し変わったところもあった。自分の書斎には他人は絶対入れなかったし、一度身につけた着物はボロになるまで着替えようとしなかった。冬でも部屋の中に蚊帳(かや)を吊って歌づくりに熱中していた。そして猛烈なかんしゃく持ちであった。私は父の前に出ただけで、足はふるえ、目には涙が浮かんだものだ。

そんな父だったが、人さまの前ではガラリと変わった。患者さんの間では「とても穏やかないい先生」「やさしい先生」という評判なのだから、驚く。

父のもとでひと月に二、三回診療を受けていた、ある老婦人からこんな話を聞いたことがある。この老婦人は不安感と動悸という症状を持っていた。彼女が行くと、父は常にとても温和な表情で微笑しながら「おうおう、よいお顔色ですね……」とか「おうおう、お元気そうで……」と話しかけてきたという。

この老婦人は「あんなにやさしい先生はいない」と言うのだ。

精神科の診察には大変な忍耐と寛容が必要だ。患者さんのなかには自分の気持ちや状況を長々としゃべり続ける人がけっこう多いものだ。

そのほとんどが、辛い苦しい話だ。精神科医は診察のあとは自分自身も精神的にクタクタになってしまう。

父は診察室では穏やかでやさしい医師でいようと、精いっぱい努力していたのではないか。その反動が家族の前で爆発していたのだと思う。

かつて詩人の佐藤春夫は父のことをこう評していた。

「都会人のような田舎者、田舎者のような都会人、古代人のような近代人、思いきってヤボなダンディ、洗練された野人……」

コンプレックスが父の二面性をつくっていたのかもしれない。そのコンプレックスが、精神科医という生業だけでなく、文学で才能を開花させるバネになったのだと思う。

「人づき合いが苦手と思い込んでいないか。自分から何でもいいからひと言かけてみよう」

コンプレックスに悩んでいるという人のなかで多いのが、人づき合いができない、友だちができないという人だ。対人関係で悩んでいる若者は、意外に多い。

いまの若い人たちは、小さい頃からパソコンやゲームに囲まれて育っているから、会話をしなくても済んできたからだろう。毎日一人で機械を相手に暮らしていても、いっこうに困らない。

だから、いざ他人と一緒になると、何を話していいのかわからなくなるのだ。

パソコン相手に育ってきた若者が、社会人になって会社に入ると、周囲の人たちになじめず、話ができないというケースが多いという。会社で孤立してしまうと、やがて毎朝出勤することさえ億劫になってくる。そして、朝起きると頭痛や腹痛など体調が異常を起こし、欠勤することが多くなる。

夕方や休日になると、体調もすっかり直って元気になるのだが、朝になると、異常を起こして、また出勤できなくなる。このような若い社員が増えているという。

すぐに人と打ち解けられないからといって、それが自分のダメなところだと、思い悩むことはない。自分と相性の合う人、自分の個性を認めてくれる人をゆっくり探せばいい。かならず気の合う人が一人や二人はいるはずだ。

人の輪の中に入っていくのが億劫だという人は、いろいろ考え込む前に、とにかく、会合や合コン、飲み会、町内会のイベント、ゴルフ大会、マージャン大会、なんでもいいから出席して仲間の輪に入っていくことをしてみよう。入っていけば、誰かしら話しかけてくれる。

私はパーティ好きで、招かれるとできるだけ出席することにしている。出席すれば、いろいろな人と出会えて新しいつき合いが生まれるからだ。

自分からも何でもいいからひと言話しかけてみよう。そこから意外な人づき合いのきっかけが生まれるのだ。

「誰からも好かれることなど無理なんだ」

人から好かれる人は、他人が自分のことを悪く言っても気にしない人だ。誰かがあなたの悪口を言っているという噂を聞いても、動じないことだ。そんなときは、自分のことを考えてみればいい。

自分だって、しょっちゅう他人の悪口を口にしているだろう。でも、それは悪意があるわけではなく、軽いうっぷん晴らしに過ぎない。悪意なきグチといったものだ。どうでもいいことかもしれないと思えば、気にならない。

面と向かって悪口を言われたときも、気にすることはない。それは一瞬のこと。誰もみな自分のことで精一杯なのだから、いつまでもあなたのことばかりに関心をもつわけがないのだ。

中国の儒家・孔子は次のような言葉を残している。

「十人が十人とも悪く言う奴は善人であろうはずがない。

だが、十人が十人ともよく言う奴も、善人とは違う。

真の善人とは、五人がけなし、五人がほめる人物である」

また、武田信玄はこう言っている。

「百人のうち九十九人に誉められるは、善き者にあらず」


誰でも大勢の人から好かれたいと思う。だが、無理して大勢から好かれようとすることはない。自分と相性の合う人、自分が好きな人から好かれればいいと思っていたら、気がラクになる。

無理して誰とでも合わせようとすると、破綻する。誰も彼もの気持ちを察して同調することなどできないもの。無理して合わせようとすると、かえってあなたが八方美人だと思われて信用されなくなってしまうだろう。

誰からも好かれることなど無理、人にけなされても気にしない、と最初から肝に銘じておけば、人に裏切られたと落ち込むこともない。

「自分の決断力のなさを嘆くのではなく慎重で思慮深いのだと、自分をほめてみよう」

仕事でどちらの方法をとるか決断しなくてはならないとき、右か左かを決めるとき、決断力がなく判断に迷う人がいる。ビジネス社会のトップになる人は、判断力、決断力が求められる。その企画を進めてもいいか悪いか、この商品は売れるか売れないか、判断はトップにかかっている。

こういうとき、間違いは許されない、と思うからかえって失敗するのだ。失敗して自信を喪失し、自己嫌悪に陥ってしまう。

「自分の決断が仕事の成否を左右する」などと深刻に思い込まないことだ。あなた一人が会社を背負った気になっているが、そんなことはない。

決断が間違っても取り返しがつかないようなことは、そうそうないはずだ。会社も、あなたが失敗しても他の選択肢がある仕事を、あなたに任せているはず。

決断力をつけるには、〝トライ・アンド・エラー〟を続けていくしかない。つまり、経験を積むことだ。何度も言うが、失敗を恐れずにトライして、エラーだったら、「ああ、しまった」くらいの気持ちで新たな方法にパッと切り替えればいい。

失敗したからといって、自分を情けないと、深刻に考え込まないことだ。〝トライ・アンド・エラー〟の精神をもっとも活かしているのが、アメリカ人だろう。彼らは、失敗したらすぐにやり方を変える。いいと思ったことにはパッと飛びつく。アメリカ人は慎重さが足りないとも言われるが、良くも悪くも、たった二〇〇年の間に、あれだけの大国を築き上げてきたのだ。やはりトライ・アンド・エラーの精神が貢献したと言えるだろう。

いまの若い人は、自分の意思をはっきり持たずに、みなが動くほうに一緒に動いていればいい、そのほうが失敗しなくて済むから得だと考える人が多い。社会全体がみんなの意見や動きに流される風潮なのだ。

すぐに決断できなくて迷ってばかりいる人は、自分の決断力のなさを嘆くのではなく、慎重で思慮深いのだと、自分をほめてみよう。情けないと深刻に悩むことだけはやめたほうがいい。

「スランプに陥ったら落ちるところまで落ちてみる。あとは上昇しか残っていないのだから」

何をやってもうまくいかない、失敗ばかりが続く、自分にはもっと実力があるはずなのになぜか発揮できないというときがある。「スランプ」に陥ったときだ。

「どうしたらスランプを脱出することができますか」と、私もよく人に尋ねられることがある。

いい方法は、スランプに陥ったと思ったら、抜け出そうと思わないことだ。抜け出そうとあせるからいけないのだ。あせればあせるほど泥沼にはまり込む。

どんなに厄介なスランプでも、一生抜け出せないスランプはない。誰でもいつかはスランプを脱出できる。無理に脱出しようともがくよりも、一度、落ちるところまで落ちてじっと上を見上げていてはどうか。落ちるところまで落ちたら、後は上昇しか残っていないのだから。

竹中工務店という大手建設会社の重役だったM氏から聞いた話だが、M氏は、若いときに肺結核にかかってしまった。これからバリバリ働こうというときに、重病に見舞われたら、それこそ誰でもひどく落ち込み、二度と立ち直れないと思うかもしれない。

彼はしかたなく仕事や夢が満ちあふれている都会を離れ、祖父母が暮らす田舎に転地療養することになった。落ちるところまで落ちてしまった気分だったろう。もう、自分は何もできないのだという無力感にさいなまれた。

ところが、田舎の祖父母は病人だからといって甘やかさなかった。朝は暗いうちからM氏をたたき起こして、畑仕事をやらせたのだ。肉体労働をすれば、当然ながら腹がすく。食欲が出て、もりもり食べる。夜は心地よい疲れでぐっすりと寝る。運動をして食事をきちんと取り、睡眠も十分。これなら病気は退散する。

こうしてM氏はどん底から抜け出すことができた。都会を離れ、田舎に療養に行き、落ちるところまで落ちたと思い、無心に畑仕事に精を出したのがよかったのだ。

何事も、あせらないことだ。あせると、ろくなことはない。

「臆病な自分を恥ずかしいと思わなくていい。自分は気配りができて注意深い人間なのだと自信を持とう」

自分は臆病なダメ人間だと思って、それがコンプレックスになっている人がいる。

たとえば、何か新しいことにチャレンジしようと思っても、うまくいくかどうかを心配して、なかなか始められない人。

好きな人ができても、ふられて傷つくことを恐れて、心を打ち明けられない人。

初対面の人や上司には、緊張してうまく言葉が出てこなくなる人。

会社でも会議の席で、反対されることを恐れて自分の意見を発表することもできない人。

こういう人は、「臆病者」と言われて仲間からバカにされるし、女性にももてない。それがコンプレックスになってますます引っ込み思案になってしまう。

だが、「臆病だ」と言われる人は、じつは気配りができる人なのだ。周囲の人の気持ちが気になって、気をつかうことができるのだ。また、「臆病」は言い換えれば「注意深い人」なのだ。

会社の経営者も、優秀な人ほどある意味で心配性で臆病だと言われる。常に最悪の場合を考えて、そのときのための準備をおこたらないのだ。優秀な人ほど常に最悪の事態を想定して、そのための準備や段取りをきちんとしているのだ。だから、臆病な経営者は成功する。

さらに臆病な人というのは、じつはとてもいい人なのだと思う。「臆病」と「卑怯」「無責任」は違う。臆病な人は、周囲に気配りをする性格だから、決して人をだまして自分が出世しようとか、人を踏み台にしてのし上がろうなどという「卑怯」なことは考えない。自分がやらなければならない仕事を、他人にまかせっぱなしという「無責任」なこともしない。「石橋を叩いて渡る」用心深い人だが、そのおかげで失敗が少ない。臆病な人ほど成功するのだ。

だから、臆病な自分を恥ずかしいと思う必要などない。「自分は臆病なのではなく、気配りができて注意深い人間なのだ」と自信を持とう。

「苦手なことを無理して克服しなくてもいい」

誰にだって苦手なこともあれば、得意なこともある。話し上手で人づきあいのうまい人が、経済感覚はゼロだったりする。スポーツは万能の人が、しゃべるのは苦手、歌を歌わせたらプロ級の人が、常識には欠けているなどというケースはたくさんある。

私はよく講演を頼まれて大勢の人の前でしゃべることが多いので、人前で話すことが得意なんだろうという人が多い。だが、本当は人前で話すのは苦手なのだ。それでも話し始めると、「どうにでもなれ」と開き直ってしまうので、何とかなっているだけだ。

作家の水上勉さんは、とつとつと話をされる方だった。決して話が得意なほうではない。その水上さんに、精神衛生全国大会を開いたときに講演をお願いしたことがあった。

水上さんは立て板に水の雄弁タイプではなし、ユーモアいっぱいで笑わせる話が得意なわけでもないから、どのように話をされるのか、とても関心があった。

すると、水上さんは壇上に上がると、まず会場の聴衆をひとわたり眺めてから、おもむろに口を開いた。

「きょうはせっかくチャンスをいただいてこの会場に来たのだから、会場に来てくださったすべての人の顔、一番隅にいる方の顔も見ながら話したい。私はみなさんの一人ひとりの方の顔を見ながらしゃべりたいのです。そのためには、照明が強すぎる。照明をもう少し暗くしてください」

この言葉に会場内はシーンと静まり返り、照明係はライトを落として暗くした。

「これで心が落ち着きました。これから話を始めます」

こうして水上さんはとつとつと話し始めたのだ。このあと聴衆はみな水上さんの話にどんどんと引きずり込まれて、いねむりをする人、私語など交わす人は一人もいなかった。感動的な講演であった。

水上さんは、とつ弁という苦手な面を無理して克服しようとせずに、それを売り物にして聴衆を惹きつけることに成功したのである。

「コンプレックスを持っているのは、あなただけじゃない。世の中の人がみんなそうなのだ」

仕事に自信が持てないで、周りの同僚たちはみな優秀に見え、自分だけが能力がないという、コンプレックスにさいなまれる。会議になると、意見を求められるのが、死ぬほど怖い。自分だけが上司に嫌われているんじゃないかと思う。

このように、仕事にコンプレックスを持っている人は多い。

「同僚たちは、会議でもうまいことを言うし、上司にも可愛がられている。要領がいいから営業成績をあげている。なのに、俺だけがダメなんだ」

と他人がうらやましくなり、自分を卑下して落ち込んでしまうのだ。

だが、そう思っているのは、意外に自分だけではないのだ。誰でも、そういう思いにとらわれることがある。仕事ができないと悩むのは、自分だけではないという認識を持ってほしい。

世の中の人がみんなそうなのだという認識を、持っていない人は意外と多い。

たとえば、私の病院には、八〇歳を超えたお年寄りで「足が痛くてうまく歩けない」とか、「体のあちこちが痛いが、どうかしたのか」「忘れっぽいが、おかしいのか」と訴えてくる人が多い。

私は、「おかしいのではなく、八〇歳を超えているなら、当たり前です」と言いたい。年をとればみなそうなるのだ。だが、自分だけは違うと思っている人が多いのだ。

「会議が怖い」と訴えてくるサラリーマンには、「誰だってそうです。だったら、怖くならないように、準備をして、メモでも用意しておけば少しは気が楽になるはずです」と言うことにしている。

そして、「仕事ができない」と悩む前に考え方を変えてみよう。できるようになるには、やはり夢や目標が必要だ。

私は人生八〇パーセント主義だ。八〇パーセントの目標を掲げて、それを目指して仕事をしてみよう。「上司に認められなくてもいいから、ちゃんと自分の意見を主張しよう」と考えれば、おのずと自信もでてくるはずだ。

「コンプレックスをはねのけるぐらいの好奇心を持とう」

世界のホンダをつくり上げた本田宗一郎氏の少年時代は、貧しくて苦労がたえなかった。おそらく相当なコンプレックスの塊だったであろう。

彼の家はたいへん貧しかった。彼はいつもボロの着物を着ていて、五月の節句に隣家で飾っている節句人形を見ようとして隣家に上がろうとしたら、「おまえみたいな汚い子は帰れ」と言われて家からつまみ出されたという。

そんな辛い思いをしても、彼がいじけなかったのは、コンプレックスを吹き飛ばすくらいの好奇心があったからだ。

彼の生家は天龍市で鍛冶屋を営んでいた。長男の彼は妹を背中におぶって子守をしながら父の家業を手伝っていたという。小さい頃からくず鉄を使って何かわからないものをつくっては喜んでいたという。

そのおかげで機械いじりが大好きになり、手先が器用な子どもに育った。そのうえ、桁違いの好奇心の持ち主だったという。村に初めて自動車がやってきたとき、彼は自動車の後ろに飛び乗ったり、一緒に走ったり、したたり落ちるオイルの匂いを胸いっぱいに吸い込んだりして自動車を飽かずに観察した。

その好奇心から、いつか自分もこんな自動車をつくってみたいという憧れを抱くようになった。

高等小学校を終えると東京の自動車修理工場に就職した。しかし彼の仕事は主人の赤ん坊の子守で、自動車の修理はいつまでたってもさせてもらえなかった。何度も田舎に逃げ帰ろうかと思ったが、それを押しとどめたのは、自動車の修理をしてみたいという好奇心だった。

半年もたったころ、やっと修理を手伝わせてもらった。それからは、持ち前の好奇心と憧れが支えになって、技術を習得し修理工として一人前になるのは、人一倍早かった。

やがて世界のホンダを創業し、オートバイ王となったが、その背景には、子供時代のコンプレックスとそれをはねのけるだけの好奇心があったからである。

「おれがダメなんじゃない。あいつがすごかったんだ。次はおれががんばればいいのだ」

コンプレックスにさいなまれる人は、よく自分と他人を比較して自分はダメだと落ち込む習癖がある。

仕事に真面目な会社人間ほど、同僚と自分を比較して、同僚より自分のほうが能力が劣っていると悩む。他人の能力を大きく感じて、自分の能力を過小評価しがちなのである。

ベストを尽してがんばったのに、営業成績で同僚に大きく差をつけられてしまった。会議の席で、自分の提案は通らず、同僚の提案が上司に褒められた。会社のゴルフコンペでも、散々に負けてしまった。そんなときは誰にでもあるものだ。仕事や能力において、他人に負けるときもあるだろう。

そのときに「自分はなんてダメ人間なのだ」と思い悩むことはない。自分もベストを尽したのだ。それでもなお相手のほうが優れていたのだから、「あいつのほうが偉い」と素直に心の中でほめてやればいい。

だが、決して自分をみじめに思ってはいけない。「自分がダメ人間なのではなく、あいつがすごかったんだ。次はおれががんばればいいのだ」と思えば、落ち込むことなく気分も晴れるだろう。

私は医学の勉強にヨーロッパに行ったことがあるが、いつもすごいと思うのは、ヨーロッパ人の強気というか、自信の持ち方である。彼らは自分のミスをなかなか認めようとせず、決して自分が悪いとは言わない。だから謝らない。とくにドイツ人は頑固である。

そのかわり、「あなたのほうが正しい」と言うのだ。「私が悪かった」とは言わず、「あなたのほうが正しい」と言う。

すべてにおいてこのような考え方がいいとは言えないが、ウエットですぐに自分を卑下しがちな日本人は、ヨーロッパ人のものの考え方を少し真似してもいいのではないだろうか。

「おれはなんてダメなんだ」と思ったらますますダメになる。

「おれがダメだったんじゃない。あいつが偉かったんだ」と思えばいいのだ。

3章

嫌な気分から抜け出す言葉

「うつな気分に陥ったら、『勝手にしやがれ』と開き直ってみよう」

いま、「うつ状態」の人が急増している。いまの日本の社会に、「うつ状態」を発生させるための条件がそろいすぎているからだ。

ひと口に「うつ」といっても、単なる落ち込んだ気分の状態から本格的なうつ病までさまざまある。本格的なうつ病は気分障害の一種で、抑うつ感情、思考・行動の抑制、食欲低下、身体的症状を特徴とする精神疾患である。

うつ病になると「抑うつ感情」に支配される。「悲哀気分」といってもいい感情で興味・喜びを喪失し、自信をなくし、すべてがダメになり再起不能といった感情に陥る。専門的には、うつ病の内容はもっと複雑多岐にわたる。うつ病になったら、早いうちに専門の病院を訪れて相談することが一番いい。

本書では、「うつ病」とまではいかないが、「うつ状態」「うつな気分」におちいったときの立ち直り方について述べようと思う。うつな気分で毎日暮らしている人が驚くほど多いからだ。何も悩みがなく、心が常に晴ればれとしてハッピーでたまらないという人が、どれほどいるだろうか。

それよりも、多忙な仕事に追いまくられ、会社では上司からしぼられ、家庭では経済的な悩み、子どもの悩み、妻とのいさかいなどでストレスいっぱいの毎日を送っている人ばかりだろう。

そんなときは、どうやってこのうつ状態から抜け出したらいいのだろうか。

「うつな気分」に陥ると、常に頭がすっきりせず、心が晴れない。イライラして切れそうになる。人が楽しそうにしていると恨めしく、ますます心が暗くなる。仕事も趣味も何もやる気が起きず、心にぽっかり穴が開いたような気分になる。自分はどうしてこうもダメな人間なのかと、自己嫌悪に陥る。

じつは、このような心情は「二日酔い」の症状とよく似ている。二日酔いのときは、頭痛、吐き気、むかつき、腹痛、ふらつきなどの身体的症状があるが、それと同時に、激しい自己嫌悪やイライラ、暗澹とした気分に陥る。

なぜあんなに飲んでしまったのか、人前で醜態をさらしてしまった、もう取り返しがつかない、上司の信用をなくしてしまった……という後悔の念に襲われ、心が暗く頭もどんよりとしてすっきりしない。

二日酔いの心理的症状とうつな気分はじつによく似ているのだ。二日酔いから立ち直るにはどうしたらいいのか。

身体の症状を回復するには、風呂につかる、水を飲む、柿を食べる、とにかく寝るなどいろいろ言われている。だが、心理的な症状を回復するには、開き直りが一番だ。

飲んで酔っ払ってしまったことを、クヨクヨしても仕方がない。酒の席での失態は、社会人なら認められないが、悩んでいるより、人さまに迷惑をかけたなら、即座に謝って、すっきりしよう。そしてあとは開き直ることだ。二日酔いの自己嫌悪もいつまでも続くものではない。

うつ気分も同じだ。私の好きなある落語家は、人気絶頂のとき、ストレスからか突然、しゃべることができなくなり、寄席やテレビ、ラジオの番組に出られなくなってしまった。人にも会いたくなくなったというので、テレビ局や関係者も見舞いに行くのを遠慮していたという。かなりのうつ状態に陥ったようだった。

病院で治療を受けていたそうだが、しばらく後、元気に回復してまた仕事に復帰することができた。

なぜ立ち直れたのか、人から話を聞くと、芸や自分のことをクヨクヨと悩むのをやめ、「勝手にしやがれ」という気持ちになったら、気がラクになったというのだ。

人気絶頂であったので、さまざまなプレッシャーが肩にのしかかっていたのだろう。それを「勝手にしやがれ」と開き直ったら、うつも治ってしまったというのだ。

これは誰にでも応用できるいい方法だと思った。うつな気分に陥ったら、「勝手にしやがれ」とつぶやいて開き直る。どんなことがあっても、まさか命までは取られやしない。そう思えば本当に気分がラクになる。

うつな気分になった場合、開き直ることと、気分転換も必要だ。気分転換がうまい人は立ち直りが早い。気分転換法には人それぞれ、さまざまな方法がある。

ここからは、私の友人、知人たちの気分転換法を紹介していこう。かならずそのなかに、あなたにも役に立つ方法が見つかるはずだ。

「寝る前の一〇分くらいは自分の好きなことに没頭する時間をつくる。この一〇分で一日のウサが晴れる」

人間の大脳には「前頭葉」という大事な組織がある。ものを考えたり、創造性をになう部分で、いわば脳全体の司令塔である。生きていく意欲や記憶、実行機能をつかさどる。この前頭葉の働きがしっかりしていればボケを防ぐこともできる。

では、前頭葉の働きをいい状態に保つにはどうしたらいいのか。いろいろなことに好奇心や興味を持ち、生き甲斐を感じる生活をして、楽しく暮らすことが一番なのだ。それには気分転換をすることだ。

探検家で「食生態学」の研究家である西丸震哉さんは、南北両極圏やアマゾン、パプアニューギニアの熱帯雨林など世界の辺境地帯を探検し、その地域の食から人間の行動様式を研究した異色の人物だ。

彼は常に世界の辺境地図を眺めては探検計画を練り、食糧危機になったときの食生活を考えていた。

これがじつに奇想天外で面白いのだ。たとえば、自分のオシッコに砂糖を入れて飲む。これが旨いという。ウィスキーを入れるとさらにおいしいそうだ。食糧危機になったら、ヘビ、サンショウウオ、イモリを食べればいいという。焼くと美味だそうだ。昆虫や小動物ではチョウ、ガ、トンボ、芋虫、ハチ、アブ、ハエ、その子ウジ、アリ、カエル、ナメクジ、ヒル、ミミズ、ミジンコなどが食べられるという。

これらをうまく混ぜ合わせて食べれば、たとえ山で遭難して動けなくなっても餓死することはないという。

このようなユニークなことを毎日考えておられると、うつになるヒマはないだろう。さらに、西丸さんは人が踏み入らない辺境の地を探検するのだから、野生的な男性かと思うが、そうではない。ふだんは繊細で芸術を愛する文化人だった。油彩画を描き、フルートを奏でる。いずれもプロ級の腕前だった。

このように、いつも変わった食のことを考え、絵を描き、フルートを演奏しと、やたらと気分転換ばかりしているから、うつになるヒマがないのだという。

でも、西丸さんは特別な方だ。自分は仕事に追いまくられて、それどころじゃないという人は多いことだろう。だが、考えようで、気分転換は忙しくてもできる。何も、海外旅行や温泉に出かけるばかりが気分転換ではない。

私は人も驚くほどのメモ魔だと述べたが、これが私の最高の楽しみで気分転換法なのだ。外出する時は、メモ帳を手離さず、家を出てから駅に着くまでに見たことをすべてメモしていくのだ。道に咲いていた草花がなんだったか、落ちていたタバコの本数は何本だったかまでメモする。

それから私は、大の飛行機好きである。これも人が驚くほどだ。夜、寝る前には一〇分ほど飛行機の雑誌や本を眺めて過ごす。

自分の部屋には旅客機の座席シートを置いて、疲れたらそれに座ってくつろいでいる。こんなことなら誰でもどんなに忙しくてもできるだろう。寝る前の一〇分くらいは、自分の好きなことに没頭する時間はつくれるだろう。

この寝る前の一〇分で、一日のウサが晴れるのである。

「気分転換の合間に仕事をしていれば、うつになどならない」

作家の遠藤周作氏も、好奇心が旺盛で多趣味の人で、「気分転換の合間に仕事をやっているようなものだ」と言っていた。

習っていたことをあげると、ダンス、ピアノ、コーラス、演劇、英会話、碁、俳画など。ダンスは月に三回、コーラスが二〜三回、俳画が一回、ピアノが週に一回、碁は息子と毎日、といった忙しさだ。

演劇は、素人ばかりを集めた劇団「樹座」を主宰して、年に一回定期公演をおこなっていたが、公演のための準備期間が長くて、毎日二時間練習していたという。この樹座の公演は、作家仲間や著名人が出演したり、素人がへたくそな芝居や歌を夢中になって懸命に披露するのでたいへん評判になった。私の弟の北杜夫も出演させていただいたことがあった。

これだけのことを毎週、毎月やっていたのだから、当然、忙しい。本業の本の執筆との両立は難しいのではないかと思ったが、遠藤氏は、ちゃんと本業と楽しみの時間を切り替えるコツを身につけておられたから、感心する。

楽しみのピアノやコーラスの練習に出かけて帰ってきたら、頭を切り替えてすぐに机に向かう。そして、机に向かうときは部屋のドアをきっちりと閉めて仕事以外の雑念は入れないと決めたのだそうだ。

たとえば二時間ダンスを楽しんだあとで、執筆をしようというふうに、楽しみをする時間を持たないと、仕事がはかどらないのだという。

さらに、仕事も楽しみも、それをしているときは、そのことだけに集中する。ダラダラしているのが一番いけないという。

一時間夢中で仕事をしたら、一時間夢中で好きなことをする。二時間仕事に没頭したら、次の二時間は遊びに没頭する、といった具合だ。

遠藤氏は『白い人』で芥川賞を受賞し、キリスト教をテーマにした『沈黙』『深い河』など人生の深遠を見つめる重厚な作品を書き続けられた。

そのいっぽうで、「ぐうたら」をテーマに、ユーモアたっぷりの身辺雑記もシリーズで書かれた。自分を「狐狸庵山人」と名乗って、趣味や愉快な遊びに真剣に取り組んだ。好奇心に溢れた楽しい人であった。

その彼が教えてくれたのだ。気分転換の合間に仕事をしていれば、うつになるヒマなどない、と。

だが、こう言うと、またしても、「仕事に追われているサラリーマンが、趣味や遊びを遠藤氏のようにする時間も金もない」と言う人が出てくるだろう。

遠藤氏のようにあれもこれもしろと言っているのではない。彼のように好奇心を持って何にでもチャレンジしてみることだ。

月に一回でもいいではないか。金がかかる高級なスポーツジムではなく、金のかからないスポーツクラブや町内会の碁のクラブなどもある。

ウォーキングやランニングなら、毎朝一〇分早く起きればできるし、金もかからない。

要は、遠藤氏のような考え方に切り替えることが大事なのだ。

「爆発させたい思いを手紙に書いて、自分宛てに投函したらスッキリする」

金がかからず、いつでも誰にでもできる気分転換法は、ほかにもいろいろある。そのいい例を教えてくれたのが、作家の藤本義一氏だった。彼は多くの小説を手がけるとともに、テレビ番組や映画の脚本も書き、かつてはテレビ番組『11ＰＭ』の名司会者だった。

その頃は超多忙なスケジュールで、おそらくストレスもすごかったと思うのだが、彼の一番の気分転換法は簡単で、金もかからない。これなら誰にでもできそうだ。

シャワーを浴びるだけだという。エッセイの原稿を一〇枚書き、次に五枚の連載小説を書かなければならないというときは、一〇枚書き終わったところで、シャワーを浴びるのだという。冬で一日三回、夏は一日五回、頭から浴びると、気分がスッキリ、これで気分転換ができるのだそうだ。

長編小説を書いているときは、二〇枚書いたら小休止してまたシャワー。しかし、それでも少し苛立ってきたというときは、毛筆で漢詩などを書くといいという。毛筆で白い紙に向かうと心が落ち着き、墨をするとこれまた心が洗われるようだという、どんな精神安定剤よりも利き目があるらしい。

酒やタバコで気分転換しようとしても、これらは心が内向してしまうので、よくないそうだ。競馬の予想、野球、映画を観るのもいいらしい。これらは、どれも特別なことではない。誰でも日常、気分転換のために行っていることだろう。

二〇代のときに、仕事に行き詰まったことがあり、何とかうつから抜け出そうとして、面白いことを思いついたという。自分宛てに手紙を書き、わざわざポストに投函したのだ。二日後に手紙が着いて、自分で自分の手紙の封を切ったとき、それまでの重い気分がサーッと引いていき、頭がスッキリしたのだという。

これはなるほど、と思った。自分で自分宛てに手紙を出す。書く内容は何でもいい。そのときの不満でも、上司の悪口でも、爆発させたい思いを手紙に書いて投函したら、スッキリすること請け合いである。

「仏像に会いに行き、仏像に向かって気ままにブツブツ話しかけると、己の小ささがわかってくる」

評論家で作家の草柳大蔵氏もユニークな気分転換法を教えてくれた一人である。彼も人気作家で、単行本の執筆に、講演、テレビ出演にと、超多忙な毎日だった。

元プロ野球監督の野村克也氏が「生涯一捕手」という言葉を生んだのも、じつは草柳氏のおかげである。

野村氏がまだ四〇代で若かった頃、野球選手を引退しようか迷ったときに草柳氏に相談した。すると、草柳氏は、「フランスの首相は七五歳になってからロシア語の勉強を始めた。生きているうちは常に勉強で、もうやめていいというときはない」と語り、「生涯一書生」という言葉を野村氏に送ったという。この言葉から「生涯一捕手」という野村氏のキャッチフレーズが誕生したのだ。

さて、この草柳氏には、ものすごく効果のある気分転換法があるという。それが、仏像を見に行くこと。

うつ気分に襲われそうになると、すぐに席を立って仏像に会いに行くのだそうだ。三〇分ぐらい仏像にぼんやりと向かい、その付近をぶらぶらと散歩する。また再び三〇分くらい仏像に向かう。そして仏像や仏像の作者に向かって、気ままにブツブツと話しかけるのだという。

それからホテルのバーか飲み屋で一人でゆっくり酒を飲むのだそうだ。作者の優れた技術と深い思い、仏像の完璧な美しさを考えるにつけ、己の小ささを十分に思い知らされる。そして、うつ気分になったなどというのは、格好つけてるからだと、改めて悟るのだという。翌朝はすっきりと仕事に戻ることができるのだそうだ。

なるほど、この方法も私は気に入った。仏像を見に行くのに、何も京都や奈良まで行って有名な仏像を見る必要はない。

近くの寺や博物館、美術館にも仏像はある。仏像に興味を惹かれない人は、絵でもいい。山でもいい。何か心を開放してくれる対象物をつくって、気分が滅入ったらそれを見にいくのだ。

「気分が落ち込んだときは気楽なおしゃべりが一番！」

うつな気分になったとき、もっともよくないことは、誰にも相談せずに一人でうじうじと悩み続けることだ。うつな気分になったら、できるだけ早く、家族、友人などとおしゃべりをすることだ。気楽なおしゃべりでいい。

たった一人で悩んでいると、どんどんと深みにはまっていって、取り返しがつかないことになるおそれもある。本格的なうつ病やノイローゼになってしまう。

男性の知人の気分転換法が続いたので、ここらで女性の話も取り上げよう。作家の田辺聖子さんの気分転換法はおしゃべりが一番だという。大阪のおばはんらしいと思う。女性はだいたいにおしゃべり好きが多い。おしゃべりな人は、うつにならない。でも、しゃべる相手がいないという人もいる。

田辺聖子さんは、誰にしゃべっていたのだろうか。手近なところにいたご主人が相手だったという。田辺さんの夫はかなり優しい人物だったとみえる。世の亭主たちは、普通は妻のおしゃべりになどつき合ってもくれない。

誰でも一人や二人は気楽なおしゃべりを楽しめる、気を使わないでつき合えるともだちがいるだろう。近所の奥さん方と井戸端会議でもいい。大阪のおばはんたちは、よく数人が集まって食べ歩きをしながら、しゃべくりまくっている。子どもや亭主の悪口から、ご近所の悪口、人の噂などなど。これがいいのだ。まったく価値のないことを話しているようだが、これがストレス発散になる。

田辺さんは、人形やぬいぐるみ、リボン、ポプリ、アクセサリーなどきれいでかわいい小物のコレクションが大好きなことでも知られる。彼女の部屋にはかわいいぬいぐるみがたくさんある。

ご亭主が相手をしてくれないときは、これらのぬいぐるみに話しかけるのだという。田辺さんがぬいぐるみに話しかけ、一人二役で会話をするのだそうだ。

田辺さんの場合、コレクション自体が気分転換になっているところもある。きれいなもの、可愛らしいものに囲まれていると、それだけで、心が癒されるのだという。

「無理に気分転換法を探さなくても好きなこと、楽しいことをしていればいい」

女性のほうがストレスやスランプに強いのかもしれない。女性はおしゃべり、食べ歩き、買い物、化粧や美容など、身近なところで気分を盛り上げるコツを知っている。

私の知人のある女性は、都内の繁華街にビルを持ち、大きなレストランと雑貨店を経営する社長である。毎日男性と伍して忙しく働いているが、とくに気分転換法などと意識して行っていることはないという。

楽しいこと、好きなことを選んでしていれば、おのずとうつな気分から抜け出せるはずだという。

彼女はイライラしてきたり、気分が煮詰まってきたら、スーパーに食料を買いにいくという。そこで、きょうの晩ごはんは何にしようか、鍋もいいし、すき焼きもいい。酒の肴には何をつくろうか、などと考えていると、それだけで気が晴れてくるという。

ちょっとおしゃれな洋服やバッグ、靴などを買いに出かけたときは、一日中、ブティック街やデパートを歩き回ってクタクタになるが、気分は最高に晴れ渡るそうである。

もっと簡単な方法は、化粧をいつもと変えてみたり、ヘアサロンに行って髪をセットしてもらうだけでも気分がよくなるという。女性のほうが男性よりも案外、気分転換のコツを知っているのかもしれない。

気のおけない仲間でときどき集まって、みなで料理をし、おいしいものを食べ尽くす。ワインを飲みながら、ワイワイがやがやと朝までしゃべりまくる、なんていうことも、気分が変わる楽しみの一つだそうだ。

料理をするのもいい。料理はつくる楽しみと食べる楽しみが味わえて、しかも創造的な作業なので、脳の前頭葉の刺激になる。私の知っているある心療内科のクリニックでは、うつ気分や心身症の治療に、料理をすることを取り入れているほどだ。

無理に気分転換の方法を探さなくても、心が疲れたときは、好きなことをしていれば、いいのだ。

「いろいろな顔を持ってみよう」

遠藤周作氏はさまざまな楽しみを持っていたことは、先ほど紹介した。いろいろな顔を持っていたのである。作家であり、劇団の座長であり、ユーモア人間で、ぐうたら人間であった。

かくいう私も、さまざまな顔を持っているようだ。本職は精神科医で、斎藤病院の院長である。早大文学部の講師の顔もあり、日本ペンクラブの理事の顔もある。日本旅行作家協会の会長でもある。

そして飛行機マニア。汽車と船、人力車も好きだ。前にも触れたが、私の一日は飛行機によって終わる。寝る前にかならず飛行機の写真や本を眺めるのだ。これだけで、一日のウサが晴れ渡る。

私にとって至福のときは、部屋においてあるジャンボジェット機のファーストクラスのシートにゆったりとすわり、ウィスキーなどを味わっているときである。

メモ魔だから書くことも好きだ。これまで、うつな気分に陥りそうなときもあったが、何冊もの本の原稿を書くことで救われていたようだ。

ものを書くことで、つらいことやストレスを、冷静に見つめなおすことができたからだと思う。

私の父・茂吉もうつになりそうな時期があったらしい。父が斎藤病院の院長だったとき、火災にあって病院が全焼した。その後は病院の再建のため、たいへんな苦労をした。病院と家が全焼してから間もなく、父が診療して睡眠薬を与えていた芥川龍之介が自殺した。この事件も父には相当ショックだったようだ。

その父がうつから抜け出せたのは、文学があったからだ。歌をつくることで救われていたのだ。

その後は、歌づくりに没頭したが、それだけではなく、正岡子規、柿本人麻呂の研究書、近世歌人の評伝など、研究書の執筆を精力的にこなした。

精神科医と歌人の顔。これが父の救いだったに違いないと思う。

「朝起きたら瞑想しながら自分がうれしかったこと、自分が努力して報われたことを思い浮かべ、きょうも一日がんばろうとイメージしよう」

史上三人目の四冠王となり、名人として活躍した米長邦雄さんは「世界一強い男」と言われた。

米長さんが現役で竜王戦や棋聖戦など勝負にさかんに挑んでいた頃、スランプに陥ってうつになったときにどうするのか、尋ねたことがあった。

将棋は一対一の格闘技だ。しかも朝から夜まで相手と向きあい、何時間も緊張が続く。さらに何日も続く長期戦で、棋士の精神的ストレスと体力疲労は相当なものだろうと思ったからだ。

タイトル戦のような勝負は二日続くことがあり、初日は朝九時に始まって五時半頃まで続く。米長さんは、一日勝負をして疲れていても、初日の夜は明日の対局が気になって眠れなくなるという。

しかもその日戦った対局を思い出してしまうと、もういけない。神経が過敏になって、とてもじゃないが、寝られなくなってしまうというのだ。

だが、やがてそんな対局にも、図太い神経で臨めるようになったという。「勝負なんて時の運なのだ、負けても自分が弱いわけじゃない、気楽にやろう」と思うようになって、精神的ストレスからだいぶ解放されたそうだ。

だが、そう気づくまでは、スランプに陥ってうつになったこともあるという。そんなときの米長さんの、スランプ脱出法を教えてもらった。それは棋士だけでなく一般のわれわれにも役に立つ実践法だ。

米長さんは、うつになったとき、スランプに陥ったときは、いままでおこなってきた将棋の戦いで、勝った勝負だけを思い出すのだという。粘り勝ちした勝負、逆転勝ちした戦い、強い相手に鮮やかに勝った勝負などを思い出して、頭の中で何度もその時の駒を並べるのだという。

勝った将棋しか並べないから、どんな状況に追い込まれても必ず最後は勝つ。それを一〇局、二〇局と並べていくにしたがって、忘れかけていた「勝つ」感覚を思い出す。すると、なぜスランプに陥ったのかがわかってくるのだという。

スランプに陥る期間が長い人は、スランプを深刻に考えすぎるからだという。米長さんが、「勝ったときのことしか思い出さない」というのは、一般のわれわれに置き換えれば、いいこと、うれしかったこと、自分の努力が実を結んだことだけを思い出して、そのときのツキをよみがえらせることだ。

プラス思考をする習慣を、毎日一五分でいいから、寝る前や朝起きたときにするといい。朝起きたら、瞑想しながら、自分がうれしかったこと、自分が努力して報われたことだけを思い浮かべて、きょうも一日がんばろうとイメージするのだ。

寝る前でもいい。毎日つづけていれば、プラス思考が身についてくるだろう。

そして「いやなことや失敗があっても、それは時の運だ。失敗しても自分が悪いわけじゃない」と気楽に考えればいいのだ。

「うつになったら、〝少し休みなさい〟という天の声だと思えばいい」

気分が晴れない、ゆううつな毎日が続いている、そんな状態に陥りやすい人は、真面目で几帳面、不器用な人が多い。不器用ということは、その反面、何事も真剣に深刻に考え、責任感が強く、いいかげんが嫌いな人なのだ。

実際に、うつになって私の病院を訪れる人には、働き者で真面目、仕事が趣味だというような中年男性が多い。近ごろの若い人は、仕事以外にも生きがいや趣味を持ち、休日は十二分にエンジョイする術を知っている。

だが、働きすぎの中年男性は、趣味もないので、欲求不満やストレスを抱えたまま仕事を続けているので、ある日突然、積もり積もった欲求不満が爆発してしまうことがある。キレるのだ。そしてそれでも仕事を続けていると、今度は体がまいってしまう。心臓発作で急死ということにもなりかねない。

そう考えると、うつになることは自己防衛の一種ともいえる。うつになって少し仕事を休めば、心身に休養を与えることができる。だから、うつになったからといって悲しむことはない。「少し仕事を休みなさい」という天の声だと思ったらいい。

私も、じつはストレスから毎晩アルコール漬けになって、このままいくと中毒に、さらには肝臓病になってしまうかも、と心配したことがあった。ところが、うまくしたもの。そのうちインフルエンザにかかって本当に寝込んでしまったのだ。

そのおかげで一〇日間もアルコールを断つことができ、肝臓を休めることができた。私はインフルエンザにかかったことにおおいに感謝した。これと同じで、うつになるのも、休養を取れという天の声かもしれない。

うつになる人というのは、先にも言ったように責任感が強く真面目な人が多い。真面目人間だから、自分が仕事を休んだら、周囲の同僚や上司に迷惑をかけるのではないかと心配になって思い悩むのだ。

でも、あなた一人が会社や仕事を背負っているわけではない。歯車のひとつにすぎないのだ。あなた一人が休んだところで、会社はつぶれやしないのだ。そう自分に言い聞かせて、一休みしてはどうだろうか。

4章

仕事のストレスに負けない言葉

「ストレスは人生のスパイスだ。プラスに働くこともある」

ストレスは、生きている限り誰にでもつきまとうものだ。仕事をしていても、人とのつき合いでもストレスは生じる。だが、ストレスを〝悪玉〟と決めつけるのはおかしい。むしろ人生のスパイスくらいに思っていたい。

外部からの何らかの刺激によって、心や体に負担がかかり、心身にゆがみが生じて不調が起こることをストレスという。

原因の一つには、仕事が忙しすぎたり、責任が重くのしかかったり、仕事の質が自分の性格に合わなかったりすることがある。また職場での人間関係がうまくいかないことも大きな原因になる。

ストレスは「人生のスパイスだ」と言ったのは、ストレス学説の祖、ハンス・セリエ博士である。ストレスを悪玉と決めつけてはいけない。ストレスは健康にマイナスになることもあるが、プラスに働くこともあるのだ。だからスパイスといえる。ストレスがあるから、不安や不満を感じて、人はやる気や行動力を出すこともできるのだ。もしもストレスを感じなかったら、人は疲れていても働きすぎて体を壊してしまうだろう。

ストレスに負けやすい人は、不器用な人が多い。まじめで仕事熱心、責任感が強いのだ。まじめで責任感が強いから、働きすぎて疲れていても、それを解消することもなく仕事を続けていて、ある日突然、ポックリということもある。だからストレスを感じることは一種の自己防衛だともいえる。

日本では昔から男性の四二歳は大厄といい、何か不調が起こりやすいから体に気をつけろと言われてきた。たしかに四二歳ころの男性は人生でもっとも仕事が忙しく、家庭では子どもたちがまだ成長途中で独立するまでになっていない。ストレスがたまりやすいときだ。

私はこの大厄で忙しい年に、斎藤病院を大きくする工事を始めた。家に帰るのはいつも夜中の二時、三時になり、食事もゆっくり取るヒマもないほどだった。

そんなある日、母が「お前は厄年だから気をつけなくてはいけない。厄落としをしなさい」と言う。その厄落としの方法が変わっている。家の近くで最も交通量が多い交差点に行き、交差点の中央に立ってフンドシを落として来いというのである。これには、私もまいった。そんなことできるわけがない。

バカバカしくて取り合わなかったら、しばらくして過労のため、倒れてしまった。母は「それごらんなさい。私の言うとおりだ」と得意になっていたが、倒れたこちらは、母のいいつけを守らなかったからだとは思わなかった。

だが、後になって、母が言った厄落としの珍方法は、働きすぎだから、少し休めと言う忠告だったのだと気づいた。

交差点でフンドシを落とせというのは、洋服ではダメだ。浴衣姿でなければならない。浴衣姿というのは、休めということだ。休んでストレスを解消しろということだったのだと、初めて母に感謝したのだ。

ストレスをため込むのが一番よくない。疲れたら休む。ときには思い切って長期に休むことも必要なのだ。

「緊張したり、追い詰められたときは、〝チェンジ・オブ・ペース〟と自分に言い聞かせよう」

大事な取引先の上役と商談をする、会議の席で発表しなければならない、上司と一緒に何日も出張する……というように、仕事には緊張を長時間強いられるときが多い。

緊張があまり長く続くと、そのストレスで心身ともにぐったり疲れ、頭もコチコチになってくる。人間はそれほど長くは緊張を持続できないから、どこかでストレスを発散しないと、調子が乱れてくずれてしまう。

緊張が長く続いたときは、一度その緊張をほぐしてペースを変えることが大事になる。〝チェンジ・オブ・ペース〟である。

と言っても、何もむずかしいことではない。会議の席や商談の場で、緊張が続いたら、コーヒーやお茶を飲んでみたり、深呼吸をしてみたり、いまは禁煙の会社が多いから無理かもしれないが、許されるなら適当なタイミングでタバコを吸ってみたり……ということでいいのだ。

大相撲の試合で、力士のなかには立ち合い前、塩を撒いてから自分の顔や体を両手でバンバンと叩く者がいる。本人は無意識にやっているのかもしれないが、これなども一種の緊張を解きほぐすしぐさである。

立ち合い前の緊張を、顔や体をバンバンと叩くことで、いったんほぐして「よし、やるぞ！」と気合を入れなおしているのだ。

かつてジョン・マッケンローという最強のテニス選手がいた。全米オープン、全仏オープン、全豪オープン、ウィンブルドンの四大会で数々の栄冠を手にしたアメリカの選手である。

一八歳の若さで全仏オープンで初めての四大タイトルを獲得してから、世界に注目された。絶頂期の一九八四年には一四大会に出場して一二大会で優勝を飾るという驚異的な記録を残した。

最強といわれたが、その反面、審判の判定が気に入らないとクレームの暴言を吐き、ミスをすると大声で怒鳴ったり、ボールをネットにたたきつけたり、ときにはコートにひっくり返ったりもした。マナーの悪さから〝悪童マッケンロー〟ともいわれ、彼を非難する観客も多かった。

だが、私は、そんな彼が面白くてたまらなかった。気に入らないとコートにひっくり返るなんてことができるから、数々の大会で優勝できたのだ。

彼はミスをしたり追い込まれると、自分を責めないで他人を責める。クヨクヨとくさらないで、怒りをぶちまける。それで気持ちを切り替えて、次の試合では最高のプレーをするのだ。

〝チェンジ・オブ・ペース〟で成功したケースである。

緊張したり、ミスをしたりして気持ちが追い詰められたら、〝チェンジ・オブ・ペース〟と自分にいいきかせよう。

ちょっと伸びをしてみる、目を閉じて瞑想する、深呼吸する、立ち上がって少し歩く、軽い体操をする……などなんでもいい。そのちょっとした行為が、緊張したペースを変えてくれるのだ。

「思い切って気晴らしの旅に出よう」

人生の〝チェンジ・オブ・ペース〟の最たるものは、旅であろう。同じような日常の連続で、しかも緊張を強いられる毎日が続くのならば、五分や一〇分、チェンジ・オブ・ペースをしても、またすぐに元に戻ってしまう。

そういうときは、思い切って仕事を休み、旅に出てみよう。海外でも国内でもどこでもいい。できたら、日ごろ見慣れた風景や環境とはまったく違う場所に行くのがいい。ストレスを解き放つ絶好のチャンスとなる。

私もまた旅好きで、地方からの講演会の依頼は喜んでお引き受けする。よほどのことがない限りは断ったことがない。知らない土地に出かける格好の口実になるからだ。

旅を楽しむことができるのは、好奇心がある証拠。好奇心はたくさん持っていたほうが、ストレスに強くなる。

私の母が好奇心旺盛で旅行好きなのは、よく知られていることだろう。八九歳で世を去ったが、亡くなる寸前まで好奇心が満ちあふれた人だった。

何にでも興味を示した。なかでも懸賞募集に応募することが好きだった。自動車会社の新車発売で名前を募集するとか、企業がイメージキャラクターの名前を募集するなどということがあると、楽しそうにハガキを何枚も書いては応募していた。

還暦を過ぎてから旅行に頻繁に出かけるようになったことは、前にもふれたが、七九歳のとき南極に行き、南極旅行最年長の世界タイ記録をつくって、まわりを驚かせた。八〇歳でエベレストにのぼり、八二歳のとき、アフリカのコンゴでゴリラを見てピグミー族と生活をするツアーに出かけた。

まったく恐るべき好奇心と行動力だ。

母は、少々風邪をひいたり、体調が悪いくらいでは旅行をやめなかった。相当に高い熱を出したときでも、九州旅行に出かけ、私たちを心配させた。「風邪なんて、旅に出ればよくなるわ」と言っては出かけたが、本当に旅から帰ってくると熱も下がり、すっかり元気になっているから不思議だった。

その自由奔放で勝手気ままぶりによって、母は世間から「猛女」と呼ばれたが、実は母の生涯は苦労の連続で、ストレスだらけだったのだ。

母は敷地が四五〇〇坪もある大病院の娘に生まれ、乳母日傘（おんばひがさ）で育てられた。車夫つきの人力車で女子学習院に通った令嬢だった。

だが、茂吉という田舎丸出しの冴えない書生と結婚させられ、性格も考え方も合わずに苦労した。

父の茂吉は養子のため母や斎藤家に遠慮していたが、ときどきかんしゃくを爆発させて母を殴ることもあった。父の日記に母を殴ったことが記されている。

大病院の跡を継いだが、戦争と大震災にあい、火災で家も病院も失った。その病院の再興のために人一倍苦労した。娘二人をなくし、仲の悪い夫とは一〇年以上も別居することになった。

そんな夫婦だったが、父の晩年は父に寄り添っていたし、決してグチをこぼしたり、うつになったりしなかった。

それも母の人一倍強い好奇心と、旅好きで常に飛び回っていたおかげであろう。

「時には人に気をつかわず、自分の気持ちに素直に行動してもいいのではないか」

自己中心的な人間は「自己中」と言われて嫌われる。誰でも、どんな本を読んでも、「自己中にはなるな」と述べられている。

でも、他人のことばかりを気づかって、自分の意思や望みを押しつぶしていたら、それがストレスになって、いつかは自分がダメになる。

会社でも、同僚や上司を気遣って、彼らの頼みを何でもこころよく引き受けていたら、本来の自分のノルマがこなせなくなって、結局は自分がソンをする。

赤ん坊と楽天的な性格の人はストレスなどものともしない。気弱で心配性、他人のことばかりを気づかっている人が、そのプレッシャーに負けてしまうのだ。

私の母の猛女ぶりは、もうおわかりのことと思う。人さまのことを気づかうということがない。自分の思うままにふるまった人だ。

その母は時間を守ることにうるさかった。よくテレビなどに出演すると、「私は時間にうるさいんです。時間はかならず守ります」などと言っていた。

私は母と一緒に何度か海外旅行に出かけたことがある。

団体ツアーの海外旅行に出かけると、ツアー客が一緒に行動しなければならないときが多い。集合時間に少しでも遅れてくる若い人がいると、「いまの若い人は時間を守らない。マナーを知らない」といって怒り、その人たちを一緒に行動している間中にらみつけているので、こちらが恐縮してしまうことがあった。

少しくらいなら遅れても、せっかくの旅行なのだから楽しくやったほうがいいと思うのだが、人の気持ちを気づかうことがない。

また、わが家は病院のせいか、遠方から来た客で、時間の約束をしないで突然尋ねてくる客がけっこういた。病院の院長だから、いつ訪ねてもいるだろうと思われているのかもしれない。

たまたま母が出かけようとしていたときに、客が訪ねて来ることがあった。そんなとき、母は自分もたいした用があるわけでなくても、ろくに客に挨拶もせず、私はこれから出かけるところだといって、さっさと出て行ってしまう。客は遠方からせっかく来たのにと、不快に思うばかりだ。

母が出て行ったあとに、客にあやまり、ご機嫌をとって応対するのはいつも私と妻の役目だった。母は客のことなどまったく気にせず、自分の用事を果たすことに夢中なのだ。まったくの自己中である。

だが、おかげで母はストレスもなく、うつにもならず、マイペースで生きてこられた。私のほうがうつになりそうだ。

母のように勝手に生きることは無理としても、少しは自己中になってみてもいいのではないか。

日本人は周囲のみんなの目を気にして行動する気質があるが、たまには、人のことを気づかってばかりいないで、時には自分の気持ちに素直に行動してもいいのではないだろうか。

そうすれば、ストレスも解消できる。

「プラスの言葉を発するとプラス思考になっていく。〝うまくいった！〟〝いいぞ！〟とつぶやくとやる気がわいてくる」

母は自分が思ったことは、人のことなど気にせず、すぐに口にした人だった。

豪華客船の船旅が人気になっていた頃、私と母も豪華客船に乗って船旅を楽しむ機会があった。

ディナーのときだった。私たちのほかにも仲間がいて、豪華客船の本格的なディナーを十分に味わおうとしていたとき、ひと口食べた母は「まずい！」と声を発した。

一流シェフの料理だが、母は「この船には厨房に食事をまずくする係がいるんじゃないか」と平然と口にして、私を唖然とさせたのだ。

思ったことをすぐに口にする母は、常にその場で不満や不服を解消できたのだろう。ストレスなど蹴散らしていたのだ。

声を出すこと、思ったことを口にすることは、いいことだ、心が軽くなって元気になるし、感じたことを声に出すことは、小さなことにでも感動する習慣が身につく。

おいしいものを食べても、感動的な映画を観ても、何も声を発しない人がいる。それでは、いったいおいしいのかまずいのか、面白かったのかつまらなかったのか、わからない。人生がすべて無感動になってしまう。

母のように「まずい」というマイナスの言葉はよくないが、私は料理を食べたときや、酒を飲んだときは、ひと口目で、かならず「うまい！」と言うことにしている。家で妻のつくった料理を食べるときもそうだ。

本当にうまいかまずいかは、この際、関係がない。「うまい！」と言うと、それほどうまくなくてもうまく思えてくる。

映画を見たときも、音楽を聴いたときも、「素晴らしい！」と言う。プラスの言葉を発することで、頭は自然とプラス思考になっていく。

会社の仕事でも「うまくいった！」「いいぞ！」と声に出してつぶやいてみる。大きな声でなくていい。自分だけがわかるつぶやきでいい。そうすると、ふつふつとやる気がでてくるから不思議なのだ。

「失敗しても嘆かずに、失敗を逆手に取ればいい」

芥川賞作家の吉行淳之介さんのことを書こう。吉行さんは詩人の吉行エイスケ氏と美容師の草分け的存在で知られる、あぐりさんの長男として生まれた。女優の吉行和子さん、詩人の吉行理恵さんは妹で、彼の家族は文化人の一家として有名だった。

淳之介さんは東京大学に進んだが、在学中からある出版社に編集者として勤め始め、学業より編集の仕事に夢中になっておられた。

その出版社が倒産寸前になり、会社再興のため多忙を極めて働きながら小説を書き、第三一回の芥川賞を受賞された。

だが、そこに至るまでの道のりは決して安穏としたものではなかったようだ。彼が出版社に入社したとき、編集という仕事については何一つわからず素人同然だったという。そこで、初心をもって、上司から言われたことは何でもやる覚悟を決めたそうだ。

当時、彼は喘息の持病を抱えていたので、きつい労働をするためには、まずそれを克服しようと思い、大学病院に入院して首の両側を切開する大手術を受けたという。

治療がすんで出版社に出勤すると、新雑誌の仕事が山ほど待っていた。右も左もわからない吉行さんは言われたとおり、原稿を集めたり、インタビューを引き受けたり、奔走した。

戦後間もない頃で、その当時、汚職事件で名高かったある大臣の夫人のインタビューをやらされたことがあった。

この夫人は大のインタビュー嫌いで知られていた。いっぽうの吉行さんは当時はたいへんに人見知りする性格で、内気。インタビューなど苦手で、見知らぬ人の家を訪問するときは、絶望的な気持ちに落ち込んだという。

その大臣夫人の家をインタビューで訪れたときも、絶望的な気持ちだったが、言われたことなので、家を訪れて夫人に面会したが、結局、うまくインタビューできずに夫人に家の外へつまみ出されたという。

新雑誌のインタビューに失敗したが、記事のスペースは空いているので、記事を書かなければならない。そこで、吉行さんは夫人につまみ出されるまでの経過を正直に書いたのだという。

すると、その記事が思いのほか大好評になり、新雑誌の記事として成功をおさめたという。しかも吉行さんはこの雑誌の編集長になっていた。

失敗を嘆いてばかりではなく、失敗を逆手にとることができたから成功したのだと、私は思う。

だが、新雑誌の創刊号は売れず、返品の山を築いてしまった。吉行さんは編集長から一転、借金の言いわけ係になったのだという。

吉行さんの編集者時代の話では、もう一つ面白いエピソードがある。先に言ったように、当時の吉行さんはたいへんな内気で、知らない人にインタビューしたり、会うことは、勇気を奮い起こして、目をつむって崖から飛び降りる気持ちでこなさなければできなかったそうだ。

真冬のある日、当時の人気作家の家に原稿をもらいに行くことになった。作家の家に行くと、作家からまだ原稿はできていないから明日の朝八時に取りに来いと言われた。そこで、翌朝八時に出かけて行くと、お手伝いさんが出てきて「先生はまだ寝ているから、そのへんを一回りしてからまた来てちょうだい」と言われた。

約束なのに腹が立ったが、「やり手バアさんのようなことを言うなあ」と内心思うことによって何とか怒りを静めて、すごすごと門前から引き返した。喫茶店で休もうと思ったが、朝早いので、どこも開店していない。

そこで、言われたとおり、そこらをグルグル歩き回って時間をやり過ごしたという。北風がひゅうひゅうと鳴る寒い朝で、吉行さんは、とてもくやしい思いをしながら、歩き回るしかなかったというのだ。

後に吉行さんは芥川賞、谷崎潤一郎賞をはじめ数々の文学賞を受賞し、文学界の重鎮となったが、作家になってからは原稿の締め切りを守らずに編集者に迷惑をかけたことは一度もなかったという。このときの辛さが身にしみついていたからだそうだ。

失敗や辛い体験がストレスにならずに、吉行さんの生き方を支えたと言えるのではないだろうか。

「天衣無縫、天真爛漫がいい」

この吉行淳之介さんには、面白いエピソードがたくさんある。なかから一つ紹介しよう。この話は、角川文庫の『面白半分のすすめ』に吉行さんが詳しく書かれているので、詳細をお読みになりたい方はそちらをご覧になるといい。

先にも書いたように、吉行さんは東大在学中から、ある出版社にアルバイトで勤め始めた。この出版社は吉行さんが入ったときは倒産寸前で、やがて本当に倒産するのだが、なかなかに素晴らしい会社であった。何より、この会社に勤めていた面々が、その後みな、作家、詩人、童話作家、放送作家などとして成功を収めた人物ばかりなのだ。吉行さんはじめ、澁澤龍彦、詩人の田中冬二、童話作家の山本和夫、芥川賞作家の石川利光、放送作家の名和青朗など多士済々の面々がそろっていた。

ところが、吉行さんが入社したとき会社は倒産寸前で、吉行さんは借金言い訳係のような役目をしていた。いよいよ倒産となったとき、原稿料を払いきれなかった執筆者が六〇人近くいたという。

年末のある日、催促の電話が三〇数回かかってきたことがあった。その応対をすべて吉行さんがした。二〇何回目かに高名な漫画家のA氏が、原稿料の取立てにやってきた。このA氏は高名だったが、貧乏なことでも知られた人物で、レスラーのように巨大な体形で容貌は恐ろしげだった。そのA氏が「原稿料をよこせ」と怒鳴るのだ。A氏も、よくよく金に困ってのことだとは思ったが、会社にも金はまったくない。

吉行氏「金は一円もないもんで」

A氏「しかし、そこに自転車があるじゃないか。そいつを質に入れろ」

と言うなり、A氏は営業に使っていた自転車をむんずとつかんで持ち上げた。

「そうだ。自転車があった。さっそく質屋に行きましょう」と吉行氏は本当に心から叫んだという。

すると、A氏は「しかし、きみ……」と言って照れたように笑い、自転車を床に下して自転車は諦めてくれた。A氏は天衣無縫、天真爛漫、本当はやさしい人だったのである。

吉行さんはそのA氏の童心のような笑顔が忘れられないとのべている。

「悔やんでもしかたがない過去のことは悔やまない」

何度も言うが、人間は完璧な存在ではない。あれもこれも完全にこなそうと思うのが、大きな間違いだ。

2章で「トライ・アンド・エラー」について触れた。何事もトライして、つまり挑戦してみて、エラー（失敗）したら、「ああ、しまった」と頭をかいて、すぐにやり方をガラッと変える。深刻に悩まないのだ。

これが得意なのはアメリカ人で、アメリカ人は失敗してもカラッとしていて、次の成功のためへ頭を切り替える決断が早く、トライ・アンド・エラーの精神を発揮する。失敗しても、深刻に悩まず、それをストレスにしないのだ。

失敗したことをくよくよと悔やんでもしかたがない。過去のことで落ち込んでもしかたがないのだ。

昔、私は病院を改造したときに、病院の壁をすべてピンクに塗り替えたことがあった。

当時のアメリカの建物を見ると、ピンクに塗ってあるのが多かったので、それを真似したのだ。

ところが、私の妻はそれが大失敗だと言い、「あれはひどかった。アメリカかぶれしちゃって」と、いつまでも文句を言われたものだ。あまり評判がよくないので、その後、ピンクはやめてまた塗り替える羽目になった。

けれども私は少しも後悔していない。あのときは、時代の先端を行っている色で、よかったのだ。そしてその後、やはり評判がよくないから、素直に塗り替えた。それでいいではないか。だが、妻は過去にこだわるので、いつまでも文句を言っていた。

過去にこだわる人はネクラになる。過去にいくらこだわっても、起きたことは、もう変えることはできないのだ。過去のことをぐずぐずと後悔し、先のことを取り越し苦労する。神経質な性格の人に多い。

たとえば、私は講演会で話をしたり、何かの会合でスピーチをしたりする機会が多い。スピーチをした後は、いつも決して満足していない。きょうはいい話をしたと思ったことは一度もない。

あのときああ言えばよかった、大事なことを言い忘れたと、反省することばかりで、嫌な気分で終わるのが常なのだ。以前は三日も四日も悩んでいたが、そのうち、悩んでもしかたがないことに気づいて、ケロッと忘れることにした。

私のスピーチを聞いていた方々は、二時間もすれば、私が何をしゃべったかなど、たいていは忘れているものだ。なかには何日も覚えている方もおられるかもしれないが、たいていは忘れている。

パーティーの祝辞などだと、聞いているときは、「ああ、いいことを言う」と思ったりもするが、その後、パーティーで一杯酒を飲んでいい気分になれば、私が何をしゃべったかなど、もう気にしていないものだ。

そういうわけだから、本人が何時間も何日も後悔しているのはムダである。ムダなことをいつまでも後悔しているから、ストレスがたまって心身症になってしまうのだ。

トライ・アンド・エラーで、過去は悔やまないことだ。

「挫折は人を強くし、一回りも二回りも大きくする」

長い人生では挫折もあれば、失敗もある。プレッシャーを感じるときもあるし、ストレスが溜まることも多い。だが、いい意味での挫折やプレッシャーは、人間をより大きく強くしてくれる。

人は順風満帆な人生に甘んじていると、精神がたるんでくる。ときどきはハッとすることが起こっても、長い人生では自分を見直すいいチャンスと思いたい。

一九八〇年代末から九〇年代初めにかけて、日本はバブル景気に湧いた。日本中が好景気の波におどらされて、土地は値上がりし資産を一気に増やす人が続出。企業も好景気で、海外旅行や高級車ブームが起きた。

人はお金が入ってくるのは当たり前だと思っていた。だが、その後のバブル崩壊で、日本は不景気に突入し一夜にして財産を失う人も出た。だが、このおかげで、日本はハッとさせられて、日本を見つめなおすことができたのだと思う。

我が家をふり返ってみても、病院経営がうまくいっているときに、ハッとさせられる出来事が起きている。

大正一二年一二月九日、その当時、東京の青山にあった青山脳病院が火事で全焼した。敷地面積四五〇〇坪、建坪三〇〇〇坪もの広さを誇った病院は焼失。

もちろん土蔵の中の父の大切な書物も、すべて焼失した。火災保険が一カ月前に切れていたという決定的なミスもあり、病院の再建には大変な苦労がともなった。

その当時、病院の院長だった祖父の紀一はもう高齢だったので、病院の再建は父・茂吉の肩にかかった。父は大借金を抱え、その返済に飛び回る日々が続いた。さらには、病院を創建したばかりの頃は、青山周辺は野原だったが、この当時は回りに住宅が建ち並び、地元住民が病院再建に反対運動を起こしていた。まさに父は絶望のどん底にいた。父は神経衰弱になり、夜も眠れず、睡眠薬を多用していたようだ。

やがて大正一五年、東京府下の松沢村松原に本院を再建することができた。そして青山の焼け跡には小さな分院をつくり、再び病院を開業し、しだいに順調さを取り戻すまでになっていった。

松沢村松原の病院は八五〇〇坪もの広大な敷地のなかに八棟の病棟が建ち、三〇〇名以上を収容できる立派な病院となった。

ところが、今度は昭和二〇年五月二五日、太平洋戦争の東京大空襲で、松原の本院、青山の分院、自宅などすべてが焼失してしまった。

私ががんばらなければならなくなった。私は太平洋戦争中は慶応大学付属病院で学業中で、火事の当時は山梨県の陸軍病院分院に勤務していた。大学の医局員は開業してはいけないという規則があったが、そんなことは言っていられない。特別に許可をもらって、焼け跡の自宅で夜間だけ細々と開業した。

精神科だけではやっていけないので、けがや骨折、耳鼻科でも眼科でもなんでも診療した。遠方でもどこでも長靴を履いて往診にも出かけた。

大変な時代だったが、このときの体験があるから、いま少々の苦労があっても、ニコニコ笑っていられるのだ。「禍転じて福となす」という言葉があるが、挫折や失敗は人間を強くし、一回りも二回りも大きくするのだ。

「とことん絶望することも必要だ。腰が据わり、開き直りも生まれ、強くなれる」

好奇心いっぱいで何でも見てやろう、試してやろうという精神の持ち主は、どんなに辛いことに遭遇して絶望しても、それに負けない強さを持っている。

私が経営者として尊敬している人物に、住宅企業の草分け的存在であるミサワホームの創業者、三沢千代治氏がいる。

彼は好奇心とアイデアにあふれた社長である。わずか二九歳の若さでミサワホームを創立し、そのアイデアを発揮してプレハブ住宅を世に売り出し、建築業界を驚かせた。その後三三歳で史上最年少で東京株式市場に上場して世間をアッといわせた。

それほどの成功を手にした人物だが、彼にも絶望のどん底に落ちた時期があったという。

三沢氏の大学生活の後半は病院のベッドの上だった。大学四年の二三歳のときに結核を発病し、かろうじて大学は卒業したものの、就職などは夢のまた夢。長い病院生活が続いたのだ。

発病したときは、ある日突然、大喀血をして倒れ、洗面器いっぱいもの血を吐き、体中の血を入れ替えるほどの輸血をしたという。だが、医者は助からないと見放したそうだ。「今夜が危ない」と医者が母上に話しているのを、三沢氏はベッドの上で聞き、「これで俺の人生も終わりか」と思ったという。

医者が見離してから五日目、三沢氏はベッドから落ち、その落ちた瞬間に肺につまっていた血の塊が口から飛び出し、奇跡的に一命を取り留めたのだという。

一年半にわたる病院での闘病生活を余儀なくされたことは、若い身には残酷だった。周りの友人たちはみな就職していっぱしの社会人になっていくのに、一人ベッドの上で悶々と過ごさなければならなかった。

だが、三沢氏がただ者でないのは、このときにわかる。彼はベッドの上で仰向けになり天井ばかり見続ける日々のなかで、ある日ふと、「柱は何のためにあるのだろう」と疑問に思ったのだ。さらに「梁は何のためにあるのか。柱や梁がなくても家は造れるのではないだろうか」と思い立つのだ。そして「そうだ、柱や梁のないすっきりした家を建てよう」と考え出したのが「壁と壁を接着剤でくっつける六面体の家」だった。「木質パネル接着工法」として特許もとった。

そして、退院してから、このアイデアを大手建設会社に売り込みにまわったが、どの企業にも相手にされなかった。そこで、学生時代からの親友である山本幸男（後にミサワホームの専務）とミサワホームを興し、短期間で大企業にまで成長させたのだ。

彼はその後、あの一年半の辛い入院生活を振り返って、「あのときほど私の人生にいろいろなものをもたらしてくれた年月はなかった」と述べている。

さらに、「病気のおかげで人の世や人情がはっきりと見えるようになった。ただ明るいだけの人生、陰りを知らない人生では人情の機微などわからない。人は一度、とことん絶望することも必要だ。そこで腹が据わり、開き直りも生まれてくる。人生が豊かになり、自分も強くなれるのだ」

病気で死の一歩手前までいった人は、「だめもと」という開き直りから、しばしば素晴らしいアイデアや力を発揮して、素晴らしい仕事をすることもある。

人間、とことん絶望しても、いいことがあるのだ。

5章

人間関係がうまくいく言葉

「相手に隙を見せまいと防御するからうまくいかない。隙を見せれば相手も心を開いてくる」

人づきあいが苦手だと悩む人は多い。相手に合わせて協調して、うまくやっていくことができなかったり、内気で引っ込み思案なのだという。

相手が自分とタイプがちがったり、なんともウマが合わない、という場合はけっこうある。それが、毎日つきあわなければならない会社の同僚や上司だったり、子どもの友人の母親で、子供同士が仲がいいため、しょっちゅう顔を会わせなくてはならない、などという場合は、相手が苦手な人だと苦痛そのものだ。

私に言わせれば、それほどクヨクヨと悩む必要はないと思うのだが、引っ込み思案の人、協調性のない人にとっては、案外むずかしい問題なのだろう。

そういう方に「どうしたらいいでしょう」と尋ねられると、私はこういう方法をおすすめしている。

「つきあう相手に、優越感情を持たせてあげるのです。相手よりあなたが腰を低くして、すべてにおいて相手のほうが上という感じを与えるのです。相手に隙を見せてあげるのです。隙を見せまいとするから、うまくいかなくなるのです。隙を見せれば、相手も心を開いてきて、人づきあいはうまくいくもんです」

会社の同僚でも、母親同士でも、ご近所づきあいでも、相手に隙を見せれば、相手も安心してうまくいくことが多い。

世の中には、プライドが高くて自分を相手より上に見せようとする人が多い。仕事でも同僚より自分のほうができるところを、周りに見せたい、友人より、自分のほうが出世している、隣の家より自分の家のほうが金持ちであることを見せたい……。これらの感情は、コンプレックスの裏返しだ。

コンプレックスを隠すために、無理やり相手より自分のほうが上位になる点を見つけて威張るのだ。コンプレックスや隙は決して人には見せまいとするのだ。

これでは、けっして人づきあいはうまくいかない。

人は隙を見せ合うと、お互いさま、心がホッとするものなのだ。

「カッコつけてたってしょうがない」

相手に隙を見せればいいと述べた。これから述べることも、それと関連していることかもしれない。

あまり自分を格好よく見せようとするから、うまくいかなくなるのだ。カッコつけて気取ったり、偉そうにしたりするから、人に敬遠されてしまうのだ。

人は誰でもそんなに偉いものではない。ありのままの自分を披露すればいい。

私はよく講演会で話をするようにと、頼まれる。大勢の人の前に立って、一時間から二時間も話をするのは、かなりの緊張を強いられる。

話している最中でも、お客さんが退屈ではないか、こんな話はつまらないのではないか、眠たそうな人ばかりだ、などと心配になりはじめる。

まだ講演に慣れていない頃は、講演開始が近づくと、緊張のあまり、冷や汗がタラタラと流れてきて困ったものだった。

だが、そのうち、ありのままの自分を見せればいいと思うようになった。カッコつけたってしょうがない。私が体験してきたことをありのままにお話すればいいのだと思えるようになったのだ。

私は講演の最初に、よくこんな失敗談を話す。

「私は最近、忘れっぽくなって困っています。けさも講演会は何時からだったか忘れ、そのパンフレットをどこにしまったのかも思い出せず、主催者に電話しようと思っても、電話番号も忘れてしまった。家中を探し回って、やっとパンフレットを見つけました。しょっちゅうこんな具合でモタモタしてばかりいます。それで、私の名前は本当はシゲタと読みますが、誰も本名では呼んでくれません。みな〝モタ〟〝モタ〟と呼ばれるのです」

こんな失敗談から話し始めると、みなさんホッと安心して喜んで聞いてくれる。

いい話をしなきゃいけない、感動させなくてはいけないと思うと、話はかえってコチコチに堅くなってしまう。人づきあいも同じである。気取らず、ありのままの自分を見せれば、相手もありのままで接してくれるものだ。

「いつも笑顔でいる人を嫌いな人はいない」

かつて、淀川長治さんという名映画評論家が、一世を風靡したことがあった。淀川さんがテレビで洋画を紹介する番組があったが、淀川さんの独特の語り口調と話が面白くて評判の人気番組だった。

かつて、淀川さんは私に「私はいまだかつて嫌いな人が一人もいない」と言ったことがある。嫌いな人がいないなんて、ウソではないか、と思うが、そのお人柄を考えると、淀川さんなら本当かもしれないと思う。

いつもニコニコと笑顔でいる淀川さんなら、嫌いな人などいないだろう。そして、さらに淀川さんのことを嫌いだという人もいないのではないかと思える。常に満面のニコニコ顔をしている淀川さんを、嫌いだと言う人はいない。

笑顔はいい。女性の笑顔はとくにいい。笑顔でいる人に悪い人はいないと思える。心が落ち込んだときは、努めて笑顔をつくってみよう。おのずと心が元気になってくる。人と会うときは、どんなに辛いときでも笑顔を絶やさないようにしよう。

私の顔は目じりが下がっているので、いつもニコニコしているように見えるらしい。よく人から、「いつも笑顔でいますね。お忙しいのにエライですね」といわれる。

私の顔つきがおたふく顔なので、いつもニコニコしているように見えるのだが、そればかりではなく、じつは私自身も、常に笑顔でいようとこころがけているのである。なぜかは、私の父のせいである。

父・茂吉がかんしゃく持ちでよく家族の前で爆発していたことは、前にも触れた。いつも家族の前で苦虫をかみつぶしたような顔をしていた。病院の中も家の中も、いつも緊張感が張り詰めていてピリピリしていた。幼い頃の私は、父が怖くて仕方がなかった。

そのため、私は自分が病院長になったら、常ににこやかにしようと心に決めたのだ。そう決めて、ニコニコしていると、本当に自分自身までも常に心が晴れやかになる。誰だって、苦虫をかみつぶしたような顔をしている人より、常に笑顔の人のほうに話しかけたくなるはずだ。

「親が気軽に発した言葉でも子供にはしこりとなって残ることもある」

家族、夫婦は人づきあいの第一歩だ。その夫婦の間で相手をバカにするようなことをしてはいけない。

たとえば、こんな話があると考えてほしい。小学五年のD君が日曜日の昼間、家でゴロゴロと寝転んでお菓子を食べながらテレビを見ていた。父親がそのD君の姿を見てひと言。

「おい、いい天気なのに、そんなところでゴロゴロするなよ。お母さんみたいになっちゃうぞ」

そこでD君は、

「お母さんみたいに太っちゃうってこと？　絶対になりたくない！」

親が子どもを叱るときや注意を与えるときは、父親と母親の意見は同じになっているべきである。二人の意見が違っていると、子どもは何が正しいのか、混乱してしまうからだ。

D君の父親の叱り方は、自分だけの考えから出てきた。母親がその場にいなかったから、「お母さんみたいになっちゃうぞ」というセリフが出てきたのだ。父親としたら、それほど悪意があったわけでなく、気軽に言ったひと言かもしれない。

あるいは、ジョークのつもりで言ったのかもしれない。

しかし、この父親が発したひと言は、意外と子どもの心に大きなしこりとなって残ってしまうだろう。

この父親の言葉には、「ゴロゴロと寝転んでお菓子を食べているのは、母親の姿そのものだ」という母親をバカにした思いが込められている。

子どもはそれを敏感に感じ取る。そして自分もそのように思い始めて、母親をバカにするようになるのだ。子どもを叱ったり注意するときの言葉には十分気をつけなくてはならない。

「人から好かれようと思うなら、自分から人を好きになってみよう」

誰だって、多くの人に好かれたいと思うものだ。会社でいつも部下に文句ばかり言っている上司だって、本当は部下に好かれたいと思っているはずだ。

人が誰か他の人から好かれたいという気持ちは、ひじょうに強いものだ。だから、人は自分を好きになってくれる人を好きになる。

「この会社の部下は、みな部長のことが好きです」と言われていやな気持ちがする人はいないだろう。自分が他人から好かれていると感じることは、とても気分がいい。

では、相手に好かれるにはどうしたらいいか。そんなにむずかしいことではない。相手をこちらから好きになることだ。人は、自分に好意を持ってくれた人を好きになりやすいという心理の法則がある。

人から好かれるということは、自分の人間性や能力が認められて、評価されることで、自尊心が満たされる。そこで、そのように高く評価してくれた相手にも好意を持つようになるのだ。

自分を好きになってくれる人のことを好きになるという心理を、対人心理学では「好意の互恵性」とか「好意の返報性」という。

会社の上司は部下に好かれたいし、尊敬されたいと思うものだ。それなら、上司も部下を「いまの若者は理解できない」と決めつけないで、部下に好意と信頼を示すことが大事なのだ。

部下も上司に好かれているかどうか、上司が自分のことをどう評価しているのかを、とても気にしているものだ。

先にも述べたように対人関係は相互、交換的である。相手に友好的に接すれば、相手も友好的な接し方で返してくるという関係だ。

だから、自分のことについて、「私の考えはね……」「私の家では……」などと相手に自分から打ち明けていくことは、相手を信頼していることを示すことで、好意を表すことになる。

このように自分のことを自分から打ち明けることを心理学では「自己開示」という。自己開示によってお互いの親しさが増し、互いに好意を抱き、友情や信頼を築くことになるのだ。

相手が苦手なタイプだったり、上司や目上の緊張する人であった場合、自分のほうから自分のことを打ち明けていくのは、勇気がいるものだ。もしも自分のほうから話しかけても、相手に無視されたり、バカにされたらどうしようという心配もある。だが、失敗してもともとと思い切って自己開示したほうがいい。黙っていたのでは、何も始まらないからだ。

たいていの人は自己開示してきた人には、自己開示で答えてくれるはずだ。人から好かれようと思うなら、自分から人を好きになってみよう。

「嫌いな人でも、苦手な面や悪いところばかり見ないでできるだけいい面を見つけて評価してみよう」

相手に好意を抱いていると、相手もこちらに対して好意を持ってくれると述べた。では、その逆で嫌いな感情はどうだろうか？

嫌うという感情も好意と同じ。こちらが相手を嫌っていると、その感情はおのずと相手にも伝わり、相手もこちらに対して嫌悪感を抱くはずだ。人は自分のことを嫌っている人に対しては、好きになれずに嫌いになるのだ。この心理を対人心理学では「嫌悪の返報性」という。

人は嫌いな人が近くにいると、嫌悪感でムカムカ、イライラしてくるものだ。そしてその場から逃げ出したくなるだろう。たとえば、パーティーなどで嫌いな人とはち合わせしたとき、そんな人がいるだけで、居心地が悪くなってしまう。

だが、傍にいなければいいのだ。同じパーティー会場にいても、少し離れた場所にいて嫌いな人の姿が見えなければ、嫌悪感も薄れてくる。その人から遠ざかることで嫌悪を感じないですむようになるのだ。したがって、嫌いな人とは無理してつき合おうとしないことだ。距離を置いていれば、イライラせずにすむ。

だが、嫌いな人が会社の先輩や上司だったり、お得意先の社員だったりすれば、つき合わないわけにいかない。毎日学校の教室で顔を合わせなくてはならない同級生という場合もけっこうある。そんなときはどうしたらいいのか。

相手の苦手な面や悪いところばかり見ないで、できるだけいい面を見つけて評価してみよう。そして、その人のいいところをほめるのだ。

ほめられていやな感情を抱く人はいない。お世辞だとわかっていても、腹を立てる人はいない。うれしいからだ。すると、相手もこちらの感情の変化に気づいて、相手の感情もやわらいでいくはずだ。

会社の先輩なら、「きょうのネクタイ、よくお似合いですね」のひと言でいい。ごますりのようだが、このひと言で相手の心もゆるむ。それから、相手の意見に同調することだ。人は自分の意見を否定せずに同感してくれる人に好意を抱くからだ。

「〝できないことはできない〟〝無理なことは無理〟と正直に言い、正直に言ったことを守ることが大切」

人に好かれたい、嫌われたくない、人に認められたいという欲求が強く働く人に多いのが、「NO」を言えない人だ。人に頼まれたり指示されたことは、できないことでも何でもかんでも引き受けてしまう。誰に対しても「NO」と言えないのだ。八方美人のタイプとも言える。

このような人は、人に嫌われることが最も恐ろしく、人に好かれることが一番重要なのだ。頼まれれば何でもかんでも引き受け、自分の能力以上のことまで無理して約束してしまうから、結局はどれもみなできなくなって相手に迷惑をかけることになる。

あなたはそんなタイプではないだろうか？

じつはこういう人はいい人である。いい人でいようと無理するあまり、人から何か頼まれると断れない。できないとわかっていることでも約束してしまう。だが、頼まれたことが多すぎてうまくいかなくなる。

そうなると、途方にくれて逃げ出したくなる。

そして結局は約束を破ることになり、みなにたいへんな迷惑をかけ、嫌われることになる。人に好かれたいと思ってしたことが、結果的には逆に嫌われる原因になってしまうのだ。

会社にはこういうタイプの社員が多い。上司や先輩に仕事を頼まれると、いま抱えている仕事があってできない状況でも引き受けてしまう。だが、仕事が多すぎてできなくなり、締め切りに間に合わず上司や先輩を困らせるのだ。

ご近所や友人など身の回りにもこういうタイプの人は多い。

たとえば、近所の奥さんが娘さんを有名な小学校に入れようと、お受験に夢中になっていたとしよう。

あなたはその小学校の出身で、校長先生はかつての同級生だ。ただし同じクラスにいたというだけで、それほど親しいわけではない。だが、この奥さんに、校長は友人だから、入学に便宜をはかってあげると、約束してしまった。奥さんは大喜びであなたに感謝し、ひじょうに好意的に接するようになった。

だが、校長はあなたのことなど覚えていないし、あなたは校長に会うことすらできないのだ。結局、あなたは奥さんに空しい期待を抱かせただけで、がっかりさせて怒らせてしまうことになる。

人から何か頼まれたときは、自分のいまの状況をちゃんと把握して、できないことはできないと正直に言うことを恐れてはいけない。

相手に自分の置かれている状況を、ありのままに言うことが大切なのだ。あなたは人に好かれたい、人を喜ばせたいと思っているが、人を喜ばせたいと思うと、逆に人は喜ばないものだ。

できないことはできない、無理なことは無理と正直に言い、正直に言ったことを守れる人が好かれるのだ。

「相手のよさを認めて尊敬したら、自分のよさも認め、卑下してはいけない」

「私は何も取り柄がない人間で……」
「私ってドジばかりしてるんです」
「私は人づきあいがヘタで……」

このように、常に自分を卑下してばかりいる人に出会うことが多い。本人は謙遜しているつもりなのだろうが、あまり自分を謙遜しすぎると、かえってイヤミに聞こえるものだ。

相手の長所や取り柄を評価して尊敬することはいいことだ。また、自己主張が激しくて自分の自慢ばかりする人よりも、謙虚で控えめな人のほうが好かれるのも事実だ。

だが、謙遜が過ぎて卑屈になってはいけない。謙虚と卑屈はまったく違う。卑屈な態度は相手にもうっとうしい。卑下ばかりされていると、聞いているほうはうんざりする。

そもそも、自分を卑下する人は、本心から自分のことをダメだとは思っていないものだ。

相手に自分はダメ人間だと言えば、相手が「いや、そんなことはない。あなたは立派だよ」と同情してくれるのを期待しているのだ。周囲の人に甘えているともいえる。

あるいは、本当はプライドが高くて相手にほめられたいと思っているのだが、自慢するのはいやなので、自己卑下すれば相手が「そんなことはない。あなたは偉い」とほめてくれると思っている場合も多い。

それに、常に「私はダメ人間だ」と周囲に言っている人は、やがては本当にダメ人間になってしまうものだ。朝、昼、晩と自分に「私はダメ人間なんだ」と言い聞かせていれば、その通りになってしまうのだ。

相手に好感を持たれて好かれるためには、いい言葉を発することだ。自分のことを相手に伝えるときにも、いい言葉を選ぶようにすべきだ。自分に向かっていい言葉を発していれば、あなたはいい人間になる。逆に自分に向かって否定的な言葉を発していれば、あなたはダメ人間になる。同じように、他人に対してもいい言葉を選んでその人のよさを評価することが大切だ。

相手のよさを認めて尊敬したら、自分のよさも認め、卑下することはない。

「『でも』『どうせ』『ダメだ』『できない』という否定語は口にしない」

誰からも好かれる人は、常に前向きでプラスの言葉を口にする。悪い言葉や否定的な言葉は口にしないものだ。

人と会話をしていると、「でも」「どうせ」「だけど」「だって」「ダメだ」「できない」という否定的な言葉ばかりを口にする人がいる。誰かが言ったことに対して、「でも」「だけど」「だって」とかならず否定語をはさむ人がいる。こういう人は、ものごとを常に悲観的に否定的に考える人だ。

悲観的な言葉ばかり口にしていると、口にしている本人自身も落ち込んで、暗く沈んだ気持ちになってしまうが、そればかりでなく周囲の人たちをも暗い気分にさせてしまう。

人に好かれる人は、「でも」「だって」「どうせ」という言葉は口にしない。

会社でも、有能なビジネスマンは、お客や上司に何か仕事を頼まれたとき、決して「ダメです」「できません」「わかりません」という否定語は使わないという。「わかりました。

できるだけ努力してみましょう」とプラスの言葉を使うのだ。それでも「ノー」を言わなければならないときは、うまく「ノー」を伝えることができる。それが優秀なビジネスマンの条件である。

斎藤病院に診察を受けに見える方のなかには、心配性の方も多い。心配性なので、日常のあれこれを気にしているうちに、自分は病気ではないか、うつ病ではないかと心配になる。そこで私のもとにお見えになるのだが、重篤な病気ではなく、単なる心配性だ。

私はそんな方には、安心させるプラスの言葉を使う。

「だいじょうぶです」「なんてことない」「気にしなくてもいいんです」といった言葉をつかって安心していただく。

医師がかける言葉は、患者さんの気持ちに大いに影響を与える。そしてそれは体調や精神状態にも大きくかかわってくる。

日常生活のなかで会う人たちにも、常にプラスの明るい言葉をかけることだ。それが誰からも好かれる人の条件である。

「人に好かれるには、相手の言うことをまずは受けとめよう」

これも前に述べた「否定語は口にしない」と共通することだが、人間関係を築く上では大事なことなので、繰り返し述べよう。

よく、人の話に反対意見ばかり述べる人がいる。たとえば、A君とB君という二人の若いビジネスマンが趣味の話をしていたとする。

A君「ぼくはゴルフとスキーが趣味で、冬はスキー、春夏秋はゴルフばっかりしてるんだ」

B君「でも、スキーもいいけどいまは、スノボのほうが人気だよね。ゴルフもオジンのスポーツだよね」

A君「雪山を滑るスキーは気分いいよ。ゴルフもよく歩くから健康にいいし」

B君「でも、スキーもゴルフも金がかかるよね。会社の重役にでもならないと、やりたくてもできないよ」

A君「そんなことはないさ。ぼくだってできるんだから」

B君「でも、君の家は金持ちだからな。ぼくにはできないよ」

A君「……」

B君のように、相手の話すことに対して、すべて「でも」で反論していく人がけっこういるものだ。

これでは会話はぶち壊しで相手に嫌われることは間違いない。相手と親しくなるためには、相手の話を否定せずに、まずは受けとめて認めることから始めよう。

そのうえで、相手の話に反論があるなら、自分の意見をさりげなく言ってみることだ。人は、自分の話をまず受けとめて認めてくれる人に好意を抱くものだ。だが、頭から反対されれば、誰だって気分を害して二度と話などしたくなくなる。

先のA君とB君の二人の会話の例で言うと、A君の話をB君はいったんは受けとめることが大切なのだ。A君が「ゴルフとスキーが趣味で」と言ったら、まずは「いいですね。スキーは気分いいだろうし、ゴルフは健康にいい」と返す。これはごますりでもおあいそでもなく、いい人間関係を築くうえで必要な心がけなのだ。

「相手のいいところを一つでいいから見つけてほめる。それだけで人間関係はうまくいく」

自分は人づきあいがへたで、協調性がないと悩んでいる人はけっこう多い。人と協調していくことは、なんでもないことのようだが、案外難しいことなのだ。

人づきあいが苦手で困っているという人がいると、私はこう言うことにしている。

「相手のいいところを一つでいいから見つけて、それをほめるのです。それだけのことで、人間関係はうまくいくもんです」

前にも、「自分を卑下ばかりする人は、他人からほめられたいと思っている」また、「嫌いな人とつき合うには相手のことをほめることだ」と述べた。

ほめることを、人づきあいのなかで、大いに活用してほしい。たとえば、友人の家に招かれていったとき、何でもいいから何か一ついいところをみつけてほめるのだ。お茶をいれてもらったら、「これはおいしいお茶ですね」。壁に飾ってある絵を見て、「素敵な絵ですね。この部屋の雰囲気にピッタリだわ」。庭に咲いている花を見て、「いつもお庭をきれいにしてますね。あの花は見事ですね」。

また、友人と出かけることになったとき、何でもいいから相手の何かをほめる。

「きょうのスカートすてきね。どちらで買われたの？」

「その髪型、とてもいいセンスね。どの美容室に行ってるの？」

こんな簡単なひと言でいいのだ。相手はいい気分になってリラックスできる。すると、今度はあなたに向かって「あら、あなたのほうこそ、きょうのコート、とってもいい感じよ」などとほめ言葉を返してくるかもしれない。

相手のいい気分はこちらにも伝わって、自分もリラックスできる。これがいい関係を築く第一歩なのだ。ただし、むやみにほめすぎるのは禁物だ。ほめすぎはイヤミになって、逆に相手を不愉快にさせるだろう。ほめるのは一つでいい。

ところが、この簡単なことができない人が案外多いのだ。自分がほめられることばかり望んでいて、人をほめることに慣れていない人が多いのだ。自分もほめられたいのだから、相手もそれを望んでいることを忘れないようにしよう。

「人をほめるとき『さすがですね』『私とはちがう』はやめた方がいい」

人をほめることは、むずかしいことではないと言ったが、言い方しだいでは相手を不快にさせることもある。うまくほめたつもりでも、とってつけたようなほめ方や、うわべだけなのがみえみえだったりすると、相手をかえって怒らせてしまう。

たとえば、私の知人で貿易の仕事をしていたM氏からこんなことを聞いた。

仕事がら外国暮らしが長かったM氏は、日本に帰国してからもイタリア料理やフランス料理の店を食べ歩きするのが楽しみになっていた。ある日、仲間数人と久しぶりに夕食をすることになり、M氏の行きつけのフレンチの店に集まることになり、私も招かれた。

この店はミシュランの三ツ星レストランだそうだ。食事がすんでから、仲間の一人がM氏に「さすがですねえ。Mさんは外国暮らしが長いから、こんな高級なレストランをよくご存知ですなあ。やはり私らとはちがいますすなあ」とひと言ほめた。

こう言われたM氏は、ほめられたにもかかわらず、イヤミを言われたような気がしてとても不快になったのだと後で私に打ち明けた。

「外国暮らしが長いからと、おれたちにひけらかすなよ。でもまあ、きょうの料理はさすがうまかったよ。たいしたもんだね」という皮肉たっぷりの言葉に感じられて不愉快になったのだという。

人をほめるとき「「さすがですね」「さすが、素晴らしい」などとつい、口にしがちだが、目上の人や上司などには、あまり言わないほうがいい。

「さすが、先生！」「さすがだね」という言い方には、相手をバカにしているニュアンスが感じられることもある。

「私とはちがう」「私など足元にもおよばない」というほめ方も、少々卑下しすぎでうっとうしい。

使い方を間違えると相手によっては、ほめ言葉が相手を不愉快にさせる言葉になるから、要注意だ。

「くっつきすぎはよくない。近すぎず、遠すぎずの関係が理想」

人づき合いで注意したいのは、くっつきすぎると失敗するということだ。他人に限らず親子でも兄弟でも、ある程度の距離をおいてつき合うことが肝心なのだ。

対人心理学に「ヤマアラシのジレンマ」という話がある。ヤマアラシは天敵から身を守るために体に鋭いトゲを持っている。このトゲは硬くて天敵の動物の体を貫くくらいの威力を持つ。「ヤマアラシのジレンマ」とは、つき合う相手と一体になりたい、自立したいという二つの欲求のジレンマのことだ。

ある寒い日に、二匹のヤマアラシが互いに身を寄せて温め合おうとしたところ、近づきすぎてトゲで相手を刺してしまい、お互いに傷つけ合ってしまった。驚いて二匹は飛びのいて離れた。だが、寒くて辛くなる。そこでまた近寄ってみるが、トゲが刺さる。また離れる。これを何度か繰り返しているうちに、二匹は傷つけ合わずに互いに温め合える適当な距離を見出した、という話である。

ドイツの哲学者・ショウペンハウエルの寓話から取った話で、この話から人間同士の最良のつき合い方を示しているのだ。つまり、くっつきすぎはよくない、つかず離れずの関係がいいという教えである。

相手が迷惑がっているのに気づかず、他人の心のなかに無遠慮にずかずかと入り込んでくる人がいる。面倒見のいい人なのだが、相手はときにうるさく感じることもある。だが、それに気づかず、自分は相手に親切にしたつもりで自己満足に浸っていたりする。

私もいくつもの肩書きを持ち、いろいろな役を引き受けているので、さまざまな人とおつき合いがあり、親しくなるとさまざまな要求がくる。会合に参加してスピーチをしてくれとか、ある会に顔を出してくれとか、インタビューを受けてくれなど、さまざまだ。すべて引き受けていたら身が持たない。そこで、親しい人の依頼でも、心を鬼にして理由をつけてお断りしている。

もちろん、必要なときは助け合い、寄り添うことも大切だ。だが、のめり込むと失敗する。近すぎず、遠すぎずの関係が理想といえる。

6章

心が軽くなる言葉

「ユーモアがない一日はきわめて寂しい一日である」

「まだあげそめし初恋の……」という詩「初恋」で知られる小説家で詩人の島崎藤村の言葉に「ユーモアがない一日は、きわめて寂しい一日である」という名セリフがある。

人生にはユーモアが欠かせないものだ。だが、日本人は欧米人のようにユーモア感覚が備わっていないので、面白いことを話そうとしても、そう簡単にはジョークは口から出てこない。

近ごろの若い人は、日本人でもジョークやギャグをうまく言えるようになってきたが、中年以降の人たちは、真面目で固いのが取り柄なんていう人が多い。ジョークを言うのは難しいし、受けなかったらどうしようと思うと、苦手になってしまうのだ。

気のきいたジョークは会話のスパイスだが、そんなジョークをストックして、使い分けることができる日本人は少ない。

ジョークを言うのが苦手な人は、無理に相手を笑わせようとしなくていい。逆に、相手が言ったちょっとしたジョークを、笑うことからはじめてみよう。笑っていると、不思議なことに心も楽しくなってくる。

ユーモアを身につけようと思うなら、落語や漫才を聴いたり、ジョーク集を読んでみるのもいい。ダジャレの本を買って、ダジャレを覚える人もいる。

私は小説家になりたいと思ったことがあるくらいだから、本を読むのは好きだ。そこで、こんな愉快な話を読んだことがある。

中国の戦国時代の思想家で、道教の始祖といわれる人物が荘子（そうし）である。荘子があるとき友人の恵子（けいし）と豪川のほとりで遊んだときのこと。荘子が川の中をのぞきながら言った。

荘子「ハヤがのびのびと自由に泳いでいる。これこそが魚の楽しみだな」

すると理論家の恵子が反論した。

恵子「きみは魚ではない。魚でないきみに魚の楽しみはわかるまい」

荘子「ぼくでないあなたに、どうしてぼくの心がわかる？　いまあなたは『魚でないきみに魚の楽しみはわかるまい』といった。つまりあなたは、ぼくの心は魚の楽しみがわからないということをわかっている。他人のぼくの心をわかっているという前提で発言している。それなら、ぼくが魚の気持ちをわかってもいいではないか」

なんだかややこしい話だが、しゃれたユーモア話ではないか。こんな話をためておいて、折りにふれて話してみたら、喜ばれること請け合いだ。

本や映画からは、ユーモアや笑いのヒントとなるものが、たくさん得られるものだ。私は気分が晴れないときは、本を読んで一人で笑ってみる。笑っているうちに、心も軽くなってくる。

あるいは、気の置けない友人に会って、バカ話に興じるのが、一番いい。私の友人には、常にダジャレを言い続けることをモットーにして、人に会うと、ダジャレを言っては笑わせている人がいる。「ダジャレの会」をつくって会長だと宣言している。

「笑顔サロン」という会をつくって、とにかく笑顔を絶やさないという活動をしている友人もいる。何のことはない。ただ気の置けない仲間が集まってバカな話をしたり、食べたり飲んだりするだけの会だ。それでも楽しく、ユーモアが身につき、笑顔になれる。

「『一笑一若一怒一老』一回笑えば一つ若返り、一回怒れば一つ老いる」

中国の古い格言に「一笑一若一怒一老」という言葉がある。

文字通り、「一回笑えば一つ若返り、一回怒れば一つ老いる」という意味である。

実際に、怒ってばかりいる人の顔を見てほしい。眉間にシワを寄せ目を吊り上げていれば、顔はシワだらけになって年齢よりも老けてしまうのは当たり前だ。笑顔でいれば、心も体も若返る。

笑いは病気も追い払うことが、わかっている。がん患者に落語を聞いてもらって免疫力をアップさせ、治療に役立てている医者もいる。

笑うと体内のホルモン分泌が活発になる。笑いは脳を刺激して活性化させ免疫力がアップする。だから、われわれは体調が悪いときには笑わない。笑うと口角が上がって顔の皮膚のリフトアップになり、女性の美容にもひじょうにいい。

そうならば、いつもニコニコ笑顔をつくることを心がけようではないか。人間は、怒ってはいけないのだ。

何事も悪いほうへ悪いほうへと考えていく人と、いいほうに解釈する人がいる。雨が降れば、「ああ雨だ、濡れてしまう。いやだな」と考えるか、「いいおしめりだ。木も花も喜んでいる」と考えて笑っていられるかが、大きな違いになる。

「人間、よくなるも悪くなるも一寸の間だ」といったのは、作家の泉鏡花だが、よくなるも、悪くなるのも、ほんのちょっとの心がけ次第なのである。

京都に九〇歳を超えて、現役で医師として活躍されていた早川一光さんという方がおられた。

早川先生は、本も何冊も書いておられる。「笑うことが病気を治す」というのが、先生の常に言っていることで、「人間ばんざい」という講演会もおこなっておられた。先生ご自身も、いつもすばらしい笑顔をしておられた。

笑っているから、先生もお元気で現役でがんばっていられたのだ。

「執着するより、諦(あきら)めると心が軽くなる」

禅の言葉に「好事も無きにしかず」という言葉がある。「好事」とは「よいこと」「うれしいこと」で、よいことが起こっても、それに執着して「もっと」「もっと」と思っていると、際限がなくなってきて、好事が起きないと満足できなくなってくる。

人間というのは、誰でもそうだが、これで満足ということがない。億万長者だって、自分の財産に満足はしていない。もっともっとお金を儲けたいと思っているはず。人間の欲求というのは無限大なのだ。

だが、そうなると、小さな幸せでは不満で、人生が楽しくなくなってくる。こだわらないで人生を生きてみようではないか。心が軽くなる。

仕事にこだわる、金儲けにこだわる、子どもをいい学校に入れることにこだわる、エリートビジネスマンになることにこだわる……などなど、こだわっていては、心が苦しくなるばかりだ。

それよりも、諦めることが大事な場合もある。

私は、祖父が始めた斎藤病院の後継者だったから、やりたかったことをずいぶん諦めてきた。小説家にもなりたかったし、大好きな飛行機や船など乗り物の仕事にもつきたかった。

だが、後になって考えれば、諦めてよかったことのほうが多いのである。諦めるというのは、人生を投げ出すことではない。

無意味なことに必要以上に執着するのではなく、もっと視野を広げて、人生の選択肢を増やしてはどうかということだ。こだわりを捨てて諦めると、ずいぶんと、心が軽くなるものだ。

「先のことを悩んでも仕方がない。きょう一日を一生懸命生きればいい」

年老いてくると、自分にお迎えがくる日が近づいてくる。若い頃は、病や死などということは、まったく考えもしなかったのに、病や死が他人事ではなくなり、それが気になってしかたがないという人がいる。

大病したらどうしようか、いつまで生きられるのだろうか、足腰が立たなくなったら、誰が面倒みてくれるのだろうか、などとクヨクヨと悩む人がいる。

ある偉いお坊さんに、老婦人が尋ねたことがあった。

「死ぬのが恐ろしいのですが、死んだらどうなるのでしょうか」

その高僧の答えは、

「そんなことは、死んだことがないから、私にもわかりません」

「えっ、ではどうしたらいいのでしょうか」

「誰にもわからないことをクヨクヨ悩んでも仕方がないでしょう。きょう一日をがんばって生きればいいのです」

このお坊さんの言う通りだと思う。五年も六年も先のことをクヨクヨと考えてはダメなのだ。その日をどう生きるかが、その人の人生になるのです。

またこの高僧は、続けてお釈迦さまのこんな話を老婦人にしてくれたそうだ。

あるとき、マラカという哲学好きな青年が、お釈迦さまに尋ねた。

「この世は永遠なるものでしょうか。終わりがあるものでしょうか。また、霊魂は死後に滅するものでしょうか。不滅でしょうか。このことについて、一度もお釈迦さまから教えていただいたことがないので、私はそれを不満に思っておりました。きょうはぜひともお教え下さい」

すると、お釈迦さまは次のような喩えをお話しになったという。

「ここに毒矢に射られて苦しんでいる男がいる。すぐに医者を呼んで矢を抜こうとしたら、男がそれを拒否して『誰がどこからこの矢を射たのか、矢は誰のものか、木製か竹製か、矢を抜かなければどうなるのか』と周囲の者に聞く。

マラカよ。この男は何と愚かだろうか。矢の毒で命を落とすかもしれないときに、矢を射たのは誰かとか、矢はどんなものかなどを詮索して何になろう。同様に、いまの私どもは苦悩からの解脱が肝心なのであって、ムダな理論にかかわりあっている余裕はない。私が死後の世界についてふれないのは、そんなことを考えても、解脱のために役に立たないからだ。いたずらな空論にふけってはいけない」

いま生きていることを、真摯に受けとめて精いっぱい生きていくこともできない者が、死後のことをいたずらに考えても仕方がない。ムダな空論にふけるより、いまこのときを真剣に生きることが大事なのだ、とお釈迦さまはさとされたのだという。

先のことをクヨクヨ悩んでも、誰にも明日のことさえわからない。いまこのときを自分らしく精いっぱい生きればいいのです。誰の目を気にすることもなく、自分らしく生きようではないですか。

「失敗は成功よりも楽しい」

最近の若いサラリーマンは、会社で上司に叱られることに慣れていないから、叱られると、とたんに会社に行くのが苦痛になるらしい。会社に行こうとすると、体の具合が悪くなって休んでしまうのだという。

失敗することに過剰に反応してしまうのだ。失敗したら叱られる、みっともない、能力がないと思われる、評価が下がる、出世が遅れる……と、悪いことばかりを考えてしまうのだ。

だが、人間は失敗をする動物だ。私は失敗を笑い飛ばしてきた。

「失敗は成功よりも美しく、またさらに成功よりも教訓と力に富んでいる」と言ったのは、歌人の石川啄木である。そのとおりで、人は失敗から多くのことを学び、成長していくものだ。

私にとっては「失敗は成功よりも楽しい」というほうがふさわしい。仕事で失敗しても、それを楽しむくらいの気持ちがあれば、それなりに魅力ある個性が築き上げられるはずである。

失敗しても前向きに生きてさえいれば、今の失敗もやがて「あんなこともあった」と笑える日がかならず来るだろう。

それどころか、「あの失敗があったおかげでいまの自分がある。失敗のおかげで友人も助けてくれた」と思えるようになるはずだ。

失敗と恐れて挑戦しない、努力しない、意見を言わないの「ないないづくし」がいちばんいけない。私は「失敗は成功よりも楽しい」と肝に銘じている。

「成功の一パーセントは九九パーセントの失敗によるものだ」

「チャレンジして失敗することを恐れるよりも、何もしないことを恐れろ」

というのは、世界のホンダの創業者・本田宗一郎の言葉だ。その通りではないか。

「心を軽くするには　まず、外にあるものに目を向けよう」

好奇心を持てば、孤独感や不安感を払拭できる。好奇心を持って何事にも忙しくしているくらいのほうが、精神的にはずっといい。

好奇心を持つということは、目を外に向けることだ。コンプレックスの強い人、プレッシャーを受けやすい人は、自分の内面ばかりにとらわれている人だ。

こういう人たちは、外の世界を観察していないから、なすべきことが目の前にあっても、気がつかない。

目の前にある、自分がなすべきことは何かを、ちゃんと見ることが大切なのだ。

部屋の中に閉じこもってクヨクヨと考えごとばかりしていないで、外に出て歩きながら考えるのだ。自分はいま何のために行動すればいいか、何をしたらいいかを。

時間があるなら、いろいろなことに好奇心を持って行動してみよう。旅行でもいい。お金がなくてできないというなら、私のように、メモや日記を書くことでもいい。きょう一日起こったこと、会った人のことを書き連ねることでもいい。

詩、短歌、俳句でもいい。自分の中の思いを表現してみると、不満を発散し、心を軽くすることができる。

絵を描くのもいい。風景画でも人物画でも、まず、外にあるものに目を向ける観察が必要だ。観察をしていると、そこに自分の考えも加わるから、ストレス発散の有効手段となるはずだ。

私が今回、この本で紹介してきた方々は、好奇心が旺盛な方々ばかりだ。

みな驚くほど、いろいろなことに挑戦している。本業で忙しいのに、である。むしろ忙しい人ほど、趣味を大事にするのかもしれない。

好奇心というものは、未知への開拓魂である。知らないものをそのままにしておかないで、徹底的に解剖しようというのが、好奇心である。好奇心を持っていれば、プレッシャーに強い人間になれる。

「思い切って、道の真ん中を堂々と胸を張って歩いてみよう」

以前にある会合に出席したときのこと。何人もの人が会場の中に入るのに、扉の前で「どうぞ」「どうぞ」と譲り合っていることがあった。本人たちは譲り合いの美徳の精神のつもりだろうが、これは美徳でもなんでもない。

後ろで順番を待っている人たちが、中に入ることができずに、行列をつくって困っていたのだから。

このように、自分は他人に気をつかい、謙譲の美徳を発揮していると思っている人は、じつはコンプレックスが強くて自己主張のできない人だ。

周りに気ばかりつかって態度がおどおどしている。本人は気配りのつもりかもしれないが、大局を見ていない。

何かを発言しようというとき、「どうぞ」と他人に先をゆずってばかりいて、とうとう自分の意見を他人に言われてしまう人、席があいているのに、いつも隅っこに座る人、廊下の端を小さくなって歩いているサラリーマン、みなコンプレックスの強いおどおど人間だ。

いつもおどおどしている人は、たまには思い切って、まん前に出てどんと座ってみてはどうか。

思い切って道の真ん中を堂々と胸を張って歩いてみてはどうか。

きっとたいへん勇気がいるだろう。

だが、思い切って一度やってみると、それが少しも怖いことではなく、壮快な気分になることに気づくはずだ。それがわかれば、あとは苦もなく続けることができるだろう。

「迷惑をかけて、かけられて。お互いさまなんだ」

常に、他人に迷惑をかけないようにしようと、気をつかい、他人にゆずってばかりの人、他人にへつらってばかりの人、たまには、間違っていてもいいからこうと決めたことは、意地を張ってやりとおしてみることだ。

こんなことを言うと、誤解されるかもしれないが、たまには自分が間違っていても、絶対に人にあやまらないと、心に決めてみよう。

これが常になると、なんとも嫌な奴と思われてしまうが、いつも他人にヘイコラしている自分がいやだと思ったら、一度や二度は自信を持ってそうしてみるのもいい。やってみて、間違っていなかったら、たいへんな自信がついてくるはずだ。

他人に迷惑をかけてはいけないと考えてばかりいると、それがストレスになってたまっていく。ひどくなると、心身症にまでなってしまうだろう。そういう例がたくさんあるのだ。

他人のことばかり気にして迷惑をかけてはいけないと、無理なことでも引き受けたり、自分がしなければならないと、背負い込んだりしてしまうと、結局は自分がつぶれてしまうのだ。

人に迷惑をかけるのは悪いことではない。迷惑をかけて助け合うのはお互いさまなのだ。自分ばかりが犠牲になっていては、他人からそういう人だと軽く見られるようになる。たまには、自分から人に頼んでやってもらう、迷惑なことを他人に助けてもらうこともしていい。

他人にへイコラして謝ってばかりではなく、一度、人には謝らないと決めてみてはどうか。

それに、人に謝ることよりも、人に感謝することのほうがいい。前向きな生き方である。感謝されたほうもうれしくなるではないか。

「他人がどうしたと人のことを見てばかりいないで自分の仕事に邁進しよう」

これは無欲清貧の僧として知られる良寛さんの言葉である。正しくは、良寛さんが歌った次の和歌にある言葉だ。

「捨てし身を　いかにと問はば　久方の
　雨降らば降れ　風吹かば吹け」

良寛さんに、ある者が尋ねた。俗世間を捨てた身の気分はどうかと。そこで、良寛さんはこう答えた。

「雨が降るなら降るのにまかせ、風が吹くなら吹くのにまかせる。それで十分に満足だ」

生涯、寺を持たず貧しい庵に住み、自然に身をまかせて生きた良寛さんの生きざまがよくあらわされた言葉である。

現代の世に暮らすわれわれにも通じる言葉ではないだろうか。われわれは、過去のことにこだわって後悔ばかりし、何年も先のことを案じて不安に陥ってばかり。そうではなく、「悔やんでもしかたがないこと、案じてもしかたがないことは考えるな」と良寛さんはさとしている。

雨が降ったら降るのにまかせ、風が吹いたら吹くのにまかせるように、辛いこと、苦しいことがあったらそれにまかせ、悲しいこと、泣きたいことがあったらそれにゆだねればいい。

そうして自然のありようにまかせて生きれば、悩みや欲から解放されて自由に生きられる。

だが、俗世間を捨てられないわれわれには、この生き方はなかなか難しいものだ。見栄を張ったり、世間体や体面を気にして生きているからだ。

良寛さんの話では、こんなエピソードもある。

あるとき、医者の原田正貞というものが、良寛さんに尋ねた。「私はお金が欲しいのですが、どうすれば儲かるでしょうか」と。良寛さんに金儲けについて尋ねるのも、的外れだと思うが、この原田という医者は親子二代の医者の家で、父親の代から良寛さんと親しくしていたという。

良寛さんはこれに対し「自分の仕事に精通して邁進し、他人がどうしたと他人のことを見ないようにしなくてはいけない」と答えたという。

良寛さんは、「医者は医者の仕事を精いっぱいがんばって精進することが大事なのであって、よその家は金儲けをし、大金を手に入れているが、どうやって手に入れたのかなどと詮索してはいけない」といさめているのだ。

他人と自分を比べて見栄をはったり、他人をうらやんだりしないで、自然の時の流れに身をまかせて、良寛さんのような穏やかな心境で生きてみようではないか。

「大きな喜びと小さな欲、これが心を軽くする秘訣」

無欲清貧の良寛さんのエピソードに、もう一つ面白い話がある。

良寛さんほど欲に縛られずに暮らした人はいない。山の中に庵を結んでひっそりとしたつつましい生活をし、そのかわり何ものにもとらわれず精神を自由に遊ばせることができた。

あるとき、良寛さんは他人から「道で銭を拾うのはうれしいものだ」と聞かされた。無欲な良寛さんは、銭を拾ってどうしてうれしいのかわからない。そこで、自分で試してみた。

自分が持っていた数少ない銭の中から一枚をポンと道に放って、それを拾ってみた。少しもうれしくない。また放って拾ってみた。ちっともうれしくない。

「はて、どうしてうれしいのかわからん」と、また放る。

すると、今度は銭がコロコロところがって草むらの中に入ってしまい、行方がわからなくなってしまった。

良寛さんはあわてて、草むらの草をかきわけ探したが、なかなか見つからない。それでもあきらめずに探したところ、ようやく見つけることができた。そのときになって、「なるほど、銭を拾うのはうれしいものだ」と納得したのだという。

浮世離れした良寛さんらしい話だが、このように、欲に縛られていない人は、何かを得たときの喜びは、人一倍大きいのではないだろうか。

家も欲しいし車も欲しい。出世もしたいし、休日には海外旅行もしたい、名誉も欲しいし、勲章も欲しい。このようにわれわれは欲しいものだらけなのだ。このように貪欲だと、何か一つ大事なものを手に入れたときに、それだけでは満足できずに、喜びも小さい。

だが、無欲な人は、大事なものを一つ手に入れると、喜びは何にも増して大きくなる。大きな喜びと小さな欲、これが心を軽くする秘訣ではないか。

〈新版〉精神科医モタ先生が教える
楽天的になれる本

著　者　斎　藤　茂　太
発行者　真　船　美　保　子
発行所　ＫＫロングセラーズ
〒169-0075　東京都新宿区高田馬場2-1-2
電　話　03-3204-5161(代)
http://www.kklong.co.jp

印刷・製本　中央精版印刷(株)

ISBN978-4-8454-5147-0
Printed in Japan 2021